D1672902

DIERCKE Erdkunde

Band 2
Schleswig-Holstein
Klasse 6

Moderator:
Jürgen Nebel

Autoren:
Peter Gaffga
Peter Kirch
Norma Kreuzberger
Jürgen Nebel
Friedrich Pauly
Frank Prehl
Hans-Jürgen Pröchtel
Notburga Protze

Fachberater:
Gottfried Bräuer

westermann

Einband: Sonnenaufgang an der Küste des Atlantiks

1. Auflage   Druck   5   4   3   2   1
Herstellungsjahr   2002 2001 2000 1999   1998
Alle Drucke dieser Auflage können im Unterricht parallel
verwendet werden.

Dieses Buch wurde nach den neuen Rechtschreibregeln verfasst.

© Westermann Schulbuchverlag GmbH, Braunschweig 1998

Verlagslektorat: Dr. Markus Berger, Rosita Ahrend
Herstellung: Gisela Halstenbach
Druck und Bindung: westermann druck GmbH, Braunschweig

ISBN 3-14-**11 4381** – 1

Inhaltsverzeichnis

4

Europas Landschaftsgürtel

Europa im Überblick

„Europa" – woher stammt dieser Name?

Der Name Europa stammt von dem Wort „ereb", das heißt „dunkel" (im Sinne von „Land der untergehenden Sonne"). Das Seefahrervolk der Phönizier bezeichnete so die Westküste des Ägäischen Meeres. Die Ostküste dagegen nannten sie „asu", das heißt „Land der aufgehenden Sonne". Beide Bezeichnungen übernahmen später die Griechen. Sie verwendeten die Begriffe auch für die hinter den Küstenregionen liegenden Festländer. Aus „ereb" wurde Europa, aus „asu" Asien.

Ein Kontinent – eine Gemeinschaft

Heute verwendet man das Wort Europa in vielen Sinnzusammenhängen: Europameisterschaften, Europapokal, Eurovision, Eurocheque, Europastraße, ...

Darin kommt der Gedanke eines vereinten Europas zum Ausdruck. Zwischen den Staaten der **Europäischen Union** (EU) *[vgl. S. 90]* zum Beispiel sind die trennenden Schlagbäume bereits gefallen, andere Staaten wollen sich dieser Gemeinschaft anschließen. Denn sie wissen, dass man viele Probleme nur miteinander lösen kann.

Im Folgenden lernst du die naturräumliche, wirtschaftliche und kulturelle Vielfalt sowie Besonderheiten einzelner Regionen Europas kennen.

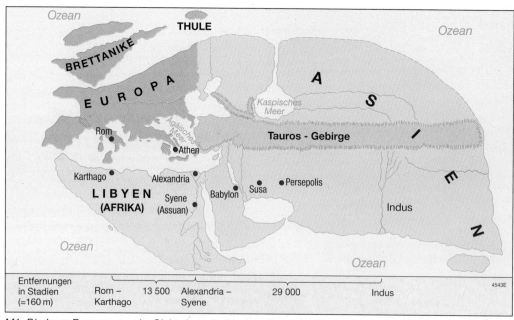

M1: Die Lage Europas aus der Sicht des griechischen Gelehrten Eratosthenes von Kyrene (279-202 v. Chr.). Er war ein bedeutender Geograph, Mathematiker und Schriftsteller und war Vorsteher der berühmten Bibliothek von Alexandria, der damals größten Bibliothek der Welt. Die Griechen maßen Entfernungen in Stadien. Ein Stadion entsprach etwa 160 Meter.

Kontinent	Fläche	Bevöl-kerung
	Mio. km^2	Mio. (1996)
Europa	10,5	748
Asien	44,4	3513
Afrika	30,3	748
Nord-, Mittel- und Südamerika	19,8	296
	17,8	490
Australien/ Ozeanien	8,5	29
Antarktika mit Schelfeis	14,0	–

M2: Die Abgrenzung und Gliederung Europas heute

Europas Lage

Der Kontinent Europa liegt auf der nördlichen Halbkugel. Will man seine Begrenzungen angeben, fällt das besonders im Osten schwer. Warum?

Die Kontinente der Erde sind meist von Ozeanen oder Meeren umgeben und deutlich als Landmasse abgegrenzt. Diese Merkmale treffen für Europa im Westen, Norden und Süden zu. Hier umspülen der Atlantische Ozean, das Nordpolarmeer und das Mittelmeer den Erdteil.

Im Osten jedoch geht Europa direkt in den Kontinent Asien über. Als Grenze zwischen beiden Erdteilen gilt traditionell die Linie: Uralgebirge, Uralfluss, Nordufer des Kaspischen Meeres, Manytschniederung, Schwarzes Meer, Ägäisches Meer.

Europa – ein stark gegliederter Kontinent

Die Europa begrenzenden Meere reichen weit in das Festland hinein. Deshalb weist der Kontinent eine starke Gliederung in viele Inseln und Halbinseln auf. Diese nehmen mehr als ein Drittel der Fläche des Kontinents ein. Daher hat das Meer einen großen Einfluss auf das Klima weiter Teile Europas.

Die Oberfläche Europas ist wie folgt gegliedert: An das Gebirgsland Skandinaviens schließt sich südwärts ein breiter Tieflandstreifen an. Weite Teile im Westen, Süden und in der Mitte Europas sind durch Mittel- und Hochgebirge geprägt. Der höchste Berg unseres Kontinents, der Montblanc (4807 m), liegt in den französischen Alpen.

1. Eine Durchquerung Europas von Nord nach Süd bzw. von West nach Ost dauert mit dem Auto mehrere Tage. Ermittle, wie viele Kilometer man jeweils zurücklegen muss (Atlas, Karte: Europa – physische Übersicht).

2. Zwei Länder und eine Stadt liegen zugleich auf den Kontinenten Europa und Asien (Atlas, Karte: Europa – Staaten). Wie heißen sie?

Alpenraum
Staaten: _____

Britische Inseln
Staaten:

Skandinavien
Staaten: *Norwegen,*
Schweden,
Finnland,
Dänemark

M1: Steckbriefe zu Europa

Echt schwierig! Kein anderer Erdteil hat so einen unregelmäßigen Umriss!

1. Erstelle zu folgenden Teilräumen Europas kleine Steckbriefe: Skandinavien, Karpatenraum, Britische Inseln, Alpenraum, Mittelmeerraum.
Gestalte diese nach den Mustern in *M1 (Atlas, Karte: Europa – physische Übersicht).*

2. Welche Länder verbergen sich hinter dem Stiefel, dem Hund und dem Kopf? Zeichne Faustskizzen.

Europa – einprägsame Formen

Die starke Gliederung Europas bringt es mit sich, dass einzelne Länder eine besondere Form haben. Mit ein wenig Phantasie kannst du auf der Europakarte einen Hund, einen Kopf, einen Stiefel, eine Faust und weitere Formen erkennen. So kannst du dir die Umrisse der Länder leicht merken. Die Formen helfen dir auch beim Zeichnen einer Faustskizze. Das ist eine Zeichnung, die man aus dem Kopf schnell auf einem Stück Papier oder an der Tafel entwirft. Eine Faustskizze ist hilfreich, wenn du beispielsweise die Lage einer Stadt oder den ungefähren Verlauf eines Flusses aufzeigen willst. Das Anfertigen solcher Skizzen ist eine Frage der Übung. Am besten gehst du dabei folgendermaßen vor:

1. Präge dir die Umrisse anhand der Atlaskarte ein.
2. Lege Transparentpapier auf die Atlaskarte und zeichne die Umrisse ab.
3. Stelle fest, ob die Umrisse einprägsame Formen haben (Dreieck, Viereck, Flasche, Hund, Stiefel).
4. Zeichne nun die Umrisse freihändig auf ein Blatt Papier. Benutze die festgestellten Formen.
5. Vergleiche die Zeichnung mit dem Original im Atlas, korrigiere falls nötig.

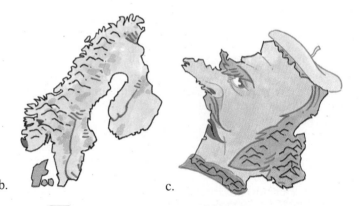

a.　　　　b.　　　　　　c.

M2: Faustskizzen

M3: Auto der Familie Möller

M4: Euro-Nummernschild

Deutschland – Mitglied der Europäischen Union

Schau mal genau hin. Das Auto von Familie Möller steht am Ufer der Schlei. Diese Ostseeförde reicht landeinwärts bis zur Kreisstadt Schleswig. Seit Januar 1996 hat Familie Möller ein neues Nummernschild an ihrem Wagen. Es ist das neue Euro-Kennzeichen D-FL-U 54. Das neue Nummernschild sieht schick aus, meint Lars, der elfjährige Sohn der Möllers. Aber das ist nicht der einzige Grund, warum Herr Möller das neue Nummernschild des Landkreises Schleswig/Flensburg an seinem Auto angebracht hat. Schließlich wohnen die Möllers ja in einer europäischen Grenzregion. Oft fährt die Familie aus dem nördlichen Schleswig-Holstein nach Dänemark zum Einkaufen. Die Fahrt in das nördliche Nachbarland ist schnell und problemlos, denn die Grenze ist offen.

Wie Deutschland ist auch Dänemark schon lange ein Mitgliedsstaat der Europäischen Union. Übrigens, die dänischen Nummernschilder mit dem Euro-Kennzeichnen gefallen Lars auch gut.

Das Euro-Kennzeichen

Zwölf gelbe Sterne auf einem blauen Feld sind das Kennzeichen der Europäischen Union. Der Buchstabe „D" bedeutet Deutschland und sagt uns, dass das Fahrzeug in Deutschland zugelassen ist. Unser Land ist Mitglied in dieser europäischen Staatengemeinschaft. Insgesamt gehören inzwischen 15 Staaten zur Europäischen Union.

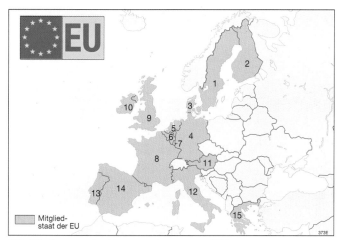

M5: Die Staaten der Europäischen Union (EU)

3. Bestimme in der Karte (M5) die Mitgliedstaaten der Europäischen Union (Atlas, Karte: Europa – Staaten).

4. Welche Nachbarstaaten Deutschlands gehören auch zur Europäischen Union (Atlas, Karte: Europa – Staaten)?

5. Was bedeuten die Buchstaben D und FL auf dem Nummernschild (M4)?

9

Europa – Staaten und Hauptstädte

Wo liegt denn bloß Norwegen?

Hast du das auch schon mal erlebt? Im Klassenzimmer hängt die große Europakarte. Du sollst ein Land Europas in der Atlaskarte suchen, dir seine Lage einprägen und an der Wandkarte zeigen. Sagen wir mal Norwegen. Du findest das Land im Atlas, merkst dir die Lage in Europa und gehst siegessicher auf die Karte zu. Doch dann – es ist wie verhext. Du findest Norwegen nicht.

„Ist doch ganz einfach", denkt ihr nun vielleicht. „Norwegen ist ein großes Land in Nordeuropa mit langer Küstenlinie zum Europäischen Nordmeer. Das findet man doch sofort!" Mag sein, aber da sind ja noch viele andere Staaten in Europa. Viele neue Länder und neue Hauptstädte muss man sich einprägen. Deshalb hat sich die Klasse 6a aus Billstedt etwas einfallen lassen – eine Art „Trainingsprogramm Europa".

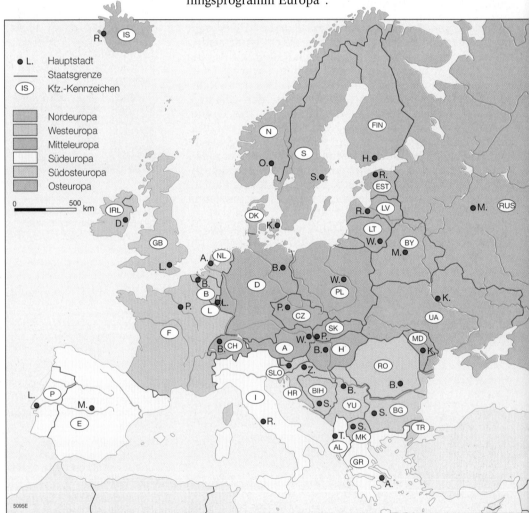

M1: Die Staaten Europas (Teile Europas in verschiedenen Farben)

Europa als Wandschmuck –
Ein Projekt, erklärt von Markus aus der 6a

„Wir kamen auf die Idee, selbst eine Wandkarte ‚Europa‘ zu basteln: eine große Wandkarte aus Tonpapier mit sechs verschiedenen Farben. Die verschiedenen Farben brauchten wir um die sechs Teile darzustellen, in die man die vielen Staaten Europas einteilt. So erhielten Nord-, West-, Süd-, Südost-, Ost- und Mitteleuropa jeweils eine Kennfarbe. Alle Europateile mussten wir dazu einzeln auf das jeweilige Tonpapier aufzeichnen. Unsere Lehrerin zeigte uns dazu einen einfachen Trick mit dem Tageslichtprojektor. Nun begannen wir unsere Kartenarbeit mit dem Teil ‚Nordeuropa‘. Zunächst klebten wir blaues Tonpapier auf die Tafel. Dann legten wir eine Folie mit den Umrissen der europäischen Staaten auf das Gerät. Mit dem drehbaren Spiegel am Projektor bildeten wir dann den nördlichen Teil Europas auf dem blauen Tonpapier ab. Beim Zeichnen achteten wir darauf, die Umgrenzung der zu Nordeuropa zählenden Länder so genau wie möglich nachzuziehen, sodass der Umriss stimmte. Außerdem zeichneten wir alle Staatsgrenzen nach und markierten die Hauptstädte mit dicken schwarzen Punkten.

Unsere Arbeitsweise könnt ihr in der Abbildung unten gut erkennen. Nachdem wir alle sechs großen Europateile auf die Farbflächen gezeichnet hatten, schnitten wir die Teile entlang der Begrenzungen exakt aus und fügten sie auf einer Unterlager aus weißer Pappe zusammen. Unsere Europakarte hingen wir nun als Wandschmuck in der Klasse auf. Aber dann hatte Markus eine tolle Idee“.

1. Internationaler Autoreiseverkehr: Aus welchen Staaten Europas kommen diese Fahrzeuge:

(A), (NL), (I), (E),
(BG), (PL), (CH), (GB),

(M1; Atlas, Karte: Europa – Staaten)?

2. Nord-, Ost-, Südost-, Süd-, West- und Mitteleuropa – welche Staaten gehören zu diesen Großräumen? Erstelle dazu eine Übersichtstabelle *(M1; Atlas, Karte: Europa – Staaten).*

3. Urlaub im Hochgebirge, Badeurlaub, Städtereise, Inselkreuzfahrt, Dampferfahrt auf dem Fluss. Nenne zu diesen Urlaubsformen je zwei Beispielräume aus Europa *(Atlas, Karte: Europa – Physische Übersicht).*

4. a) Löse die acht Bilderrätsel auf den *Seiten 4/5.*
b) Bearbeite die Übungsaufgaben auf den *Seiten 4/5.*

Materialliste:
● Folie: Karte „Europa – politisch“ (Staatenkarte)
I Tonpapier für die Teile Europas in sechs Farben (Abb. 1);
Hinweis: Je nach Größe braucht man mehrere Bögen.

● dicke Faserschreiber zum Nachzeichnen und Beschriften
● rote Klebepunkte
● dicke, schwarze Wollfäden
● Ansichtskarten und Reiseprospekte aus Europa

M2: Der Trick mit dem Tageslichtprojektor: So funktioniert es

Gruppe A: Süd-Express

Bearbeite folgende Aufgaben mit den Atlaskarten „Mitteleuropa und Südwesteuropa – physisch".

1. Fahre die eingezeichnete Eisenbahnstrecke nach Lissabon im Atlas nach und schreibe die Namen der gekennzeichneten Zwischenstationen auf.
2. Bestimme die Reiseländer, durch die die Strecke führt und deren Hauptstädte.
3. Welche Flüsse, welche Gebirge werden bei dieser Bahnreise überquert?
4. An welchem Meer liegt Portugal?

Gruppe B: Nord-Express

Bearbeite folgende Aufgaben mit den Atlaskarten „Mitteleuropa und Nordeuropa – physisch".

1. Bestimme die Zwischenstationen, die Länder, durch die der Zug fährt, und deren Hauptstädte.
2. Zwischen welchen Ländern „fährt die Eisenbahn mit dem Schiff"?
3. Von welchen Meeren ist Nordeuropa umgeben?

Gruppe C: Istanbul-Express

Bearbeite folgende Aufgaben mit den Atlaskarten „Mitteleuropa und Südosteuropa/Türkei – physisch".

1. Bestimme die Zwischenstationen, die Länder, durch die der Zug fährt und deren Hauptstädte.
2. Der Istanbul-Express überquert viele Flüsse und durchquert Gebirge. Bestimme fünf dieser Flüsse und Gebirge.
3. a) Zwischen welchen beiden Meeren liegt die Stadt Istanbul?
   b) Auf welchen beiden Erdteilen liegt die Millionenstadt?

Unternehmen Eurobahn – Markus berichtet:

„Bald schon hing unsere riesige Europakarte an der Klassenwand. Doch dann ging es erst richtig los. ‚Eurobahn – Reisezüge in Europa', so hieß das Thema, mit dem wir in den folgenden Erdkundestunden unsere Karte gestalteten und ausschmückten. Und das lief so ab:

Unsere Lehrerin hatte uns zu drei europäischen Reisezügen den Streckenverlauf vorbereitet. Von Köln als Ausgangspunkt sollten die Züge in verschiedene Himmelsrichtungen abfahren. Zielbahnhöfe waren Lissabon, Istanbul und Helsinki.

Arbeit in Gruppen
Dann teilten wir uns in verschiedene Arbeitsgruppen auf. Jede Gruppe durfte sich einen Reisezug aussuchen und die dazugehörige Fahrtstrecke bearbeiten. Zunächst verglichen wir die Strecke auf der Arbeitskarte mit den Eisenbahnlinien im Atlas. Danach übertrugen wir die Fahrtstrecken in unsere Europa-Wandkarte. Wir markierten die drei Bahnlinien mit einem dicken, schwarzen Wollfaden. Die Zielbahnhöfe und Zwischenstationen kennzeichneten wir mit roten Klebepunkten. Danach beschrifteten wir die europäischen Staaten und ihre Hauptstädte. Zum Schluss schmückten wir unsere Wandkarte mit Ansichtskarten und Bildern aus Prospekten".

Auf dem Foto seht ihr Anja, wie sie unsere Karte beschriftet. Sie arbeitete in der Arbeitsgruppe A mit. Die dargestellte Zuglinie ist der Süd-Express, der in Lissabon endet. Vielleicht findet ihr nun Spaß daran, unsere Wandkarte einmal nachzubauen.

M1: Beim Beschriften der Karte

Reisezüge in Europa

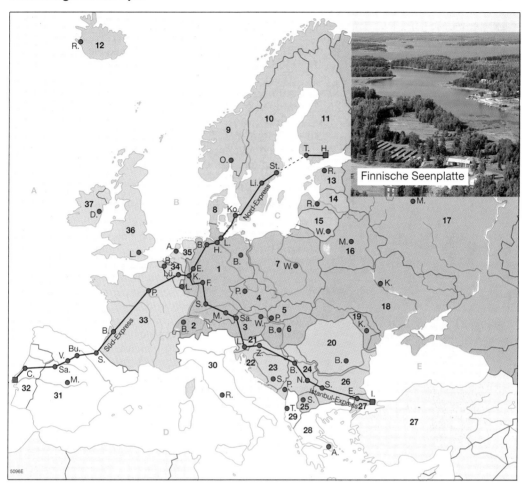

Finnische Seenplatte

Lissabon: Turm von Belem

Istanbul: Hagia Sophia

Drei Reisezüge in Europa:

——— Streckenverlauf

■ L. Zielbahnhof mit
    Anfangsbuchstabe

● A. Zwischenstation mit
    Anfangsbuchstabe

1 - 37 Staaten

A - E Meere, Meeresteile

0   500 km

M2: Streckenverlauf der drei Europa-Expresszüge

Vom Wetter zum Klima

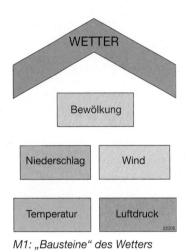

M1: „Bausteine" des Wetters

1. Unterscheide zwischen Wetter und Klima.

2. Welche Luftmassen bescheren uns im Sommer trockenes und warmes Wetter (*M2*)? Gib eine Erklärung für einen verregneten Sommer bei uns.

Wetter und Klima beeinflussen unser Leben

„Ist das wieder ein verregneter Sommer!" „Strahlender Sonnenschein, kein Wölkchen am Himmel, ein herrlicher Sommertag." „So eine Kälte, dazu der viele Schnee!" „Dieses Schmuddelwetter und das im Dezember!"

Ähnliches hört man oft, wenn sich Menschen über das Wetter unterhalten. Wetter kann mithilfe einzelner Wettererscheinungen beobachtet werden, die man täglich wahrnimmt. Temperatur, Niederschlag, Wind, Bewölkung und Luftdruck sind die Bausteine des Wetters (*M1*), auch Wetterelemente genannt. Sie beeinflussen sich gegenseitig und gestalten das Wetter wechselhaft.

Luftmassen bestimmen unser Wetter

Je nach Windrichtung können uns unterschiedlich erwärmte Luftmassen erreichen. Kommen im Sommer warme Luftmassen nach Mitteleuropa, die große Wasserflächen überquert haben, enthalten sie viel Feuchtigkeit. Dann ist mit Niederschlägen zu rechnen. Handelt es sich um ozeanische Kaltluft, dann wird es bei uns kühl mit gelegentlichen Schauern. Aus dem Osten kommende Luftmassen bescheren uns im Sommer trockenes Wetter, weil über den großen Landflächen kaum Feuchtigkeit vorhanden ist. Dringt in den Sommermonaten Polarluft aus nördlichen Richtungen zu uns vor, ist es am Tage trocken und wolkenarm, in den Nächten meistens kühl. Tropikluft aus südlichen Richtungen bringt uns heißes und oft schwüles Wetter mit Wärmegewittern oder ergiebigen Niederschlägen.

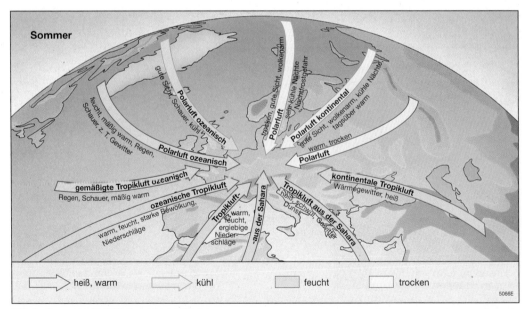

M2: Luftmassen in Mitteleuropa im Sommer

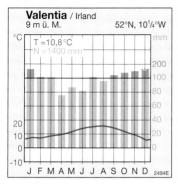

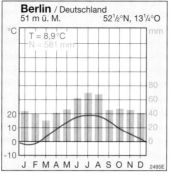

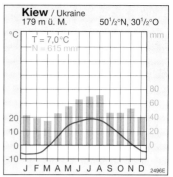

M3: Klimadiagramm Valentia   M4: Klimadiagramm Berlin   M5: Klimadiagramm Kiew

Es gibt also kühle oder warme, feuchte oder trockene Sommer in unseren Breiten. Auch im Winter erhält Mitteleuropa abwechselnd milde Meeresluft und festländische Kaltluft. So erleben wir häufig milde und feuchte, manchmal auch kalte Winter mit Schnee. Mitteleuropa wird das ganze Jahr hindurch von unterschiedlichen Luftmassen durchzogen. Sie unterscheiden sich nach Herkunft, Temperatur und Feuchtigkeitsgehalt und beeinflussen das Wetter bei uns entscheidend.

Wenn die Wetterelemente über mindestens 30 Jahre beobachtet und gemessen worden sind, berechnen die **Meteorologen** daraus Durchschnittswerte (Mittelwerte, z.B. Jahresmitteltemperatur). Die langjährigen Mittelwerte geben dann Auskunft über das **Klima** eines Ortes oder Gebietes. Beim Klima macht man somit langfristige Aussagen über die Wetterelemente.

3. Erkläre mithilfe von *M6* bei uns
a) einen schneereichen und kalten Winter;
b) einen relativ milden und feuchten Winter.

4. Nenne typische Merkmale der dargestellten Klimadiagramme (*M3, M4, M5*) und ordne sie den entsprechenden Klimaten Europas zu (*Seite 16 M1*).

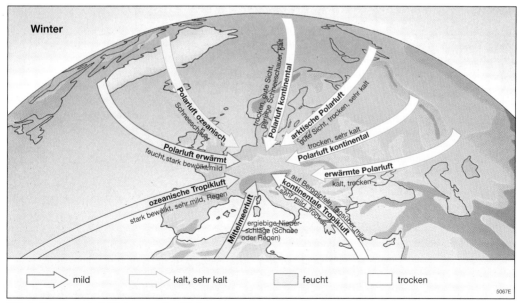

M6: Luftmassen in Mitteleuropa im Winter

15

Unser Klima – geprägt durch Jahreszeiten

Klimazonen in Europa

Der größte Teil Europas liegt in der **gemäßigten Zone**. „Gemäßigt" bedeutet, dass hier in der Regel keine besonders niedrigen oder extrem hohen Temperaturen vorkommen. Ein weiteres Merkmal ist das Auftreten der vier Jahreszeiten Frühling, Sommer, Herbst und Winter. Die Sommer sind warm (im Durchschnitt 16 bis 20 °C) und die Winter sind kühl (im Durchschnitt -2 bis +2 °C). Frühling und Herbst sind Übergangsjahreszeiten. Alle Jahreszeiten dauern ein Vierteljahr.

Die kalte Zone liegt im Norden Europas und die warme, subtropische Zone im Süden unseres Kontinents. Auch in den Subtropen treten Jahreszeiten auf, doch sind sie nicht so stark ausgeprägt wie in der gemäßigten Zone. Im Norden bestimmt ein langer, sehr kalter Winter das Klima und im Süden ein langer, heißer Sommer. Die subtropische Zone weist zudem eine charakteristische Niederschlagsverteilung auf: Danach fallen die meisten Niederschläge zwischen den Monaten Oktober und April. Besonders trocken sind hingegen die Sommermonate Juli und August. Man spricht aufgrund dieser Niederschlagsverteilung auch von einem „Winterregenklima".

1. Beschreibe die Anordnung der Klimazonen in Europa (*M1*).

2. Nenne Faktoren, die das Klima bestimmen bzw. beeinflussen.

3. In welcher Klimazone liegt Deutschland?

4. Versuche zu erklären, warum die Westküste Skandinaviens noch in der gemäßigten Zone liegt (*M1*).

Klimaunterschiede in der gemäßigten Zone

Bei einer Durchquerung der gemäßigten Zone in Europa von Westen nach Osten ändern sich die Durchschnittswerte der Temperaturen und Niederschläge. So gliedert sich die gemäßigte Zone von Westen nach Osten in drei Klimagebiete. Gebiete mit **Seeklima**, **Übergangsklima** und **Landklima** (*M1*).

Kalte Zone

Polare Zone
-Eis/Dauerfrostboden

Subpolare Zone
-sehr kalte lange Winter

Gemäßigte Zone

Seeklima (ozeanisches Klima)

-Sommer kühl, feucht
wintermild

Übergangsklima

Landklima (kontinentales Klima)

-winterkalt, trocken

-winterkalt, sehr trocken

Warme Zone - Subtropische Zone

-sehr trocken

-trocken

-Winterregen

warme Meeresströmung

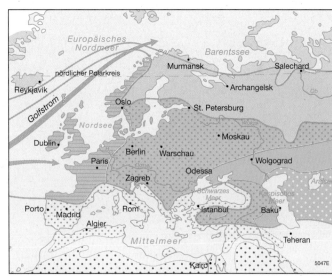

M1: Europa – Klima

Vergleicht man die Temperaturen und Niederschläge dieser Klimagebiete, so stellt man Folgendes fest:
1. Die Niederschlagsmengen nehmen von West nach Ost hin ab.
2. Der Temperaturunterschied zwischen Sommer und Winter nimmt von Westen nach Osten hin zu.
Warum ist das so?

Die überwiegend aus westlichen Richtungen kommenden Winde bringen feuchte Luftmassen nach Europa. Zunächst werden die Küstengebiete von den feuchten Luftmassen erreicht, hier beginnt die Luft abzuregnen. Nach Osten hin wird sie demnach immer trockener. Das Meer hat zudem eine temperaturausgleichende Wirkung. Die riesigen Wassermassen erwärmen sich nur sehr allmählich und kühlen sich ebenso langsam wieder ab. Die Luft über dem Wasser nimmt dessen Temperatur an.

Der Wind trägt diese Luft ans Festland, die sich dort im Sommer als kühl und im Winter als mild bemerkbar macht. Je weiter man ins Landesinnere vordringt, desto mehr nimmt der Einfluss des Meeres ab.

Landschaftsgürtel: vom Klima bestimmt

Auch die Pflanzenwelt (Vegetation) hat sich den unterschiedlichen Einflüssen des Klimas angepasst *(s.S. 20 bis 27)*. In der gemäßigten Zone sind hauptsächlich Laub- und Nadelwälder verbreitet. In diesen Breiten beeinflussen die Jahreszeiten das Wachstum der Pflanzen. Die sommergrünen Laubbäume werfen ihr Laub im Herbst als Schutz gegen die Winterfröste ab. Die immergrünen Nadelbäume können dagegen auch strenge Winter überstehen; ihre schmalen, derben Nadeln schützen sie.

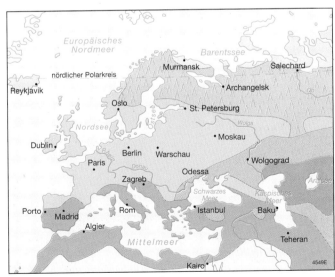

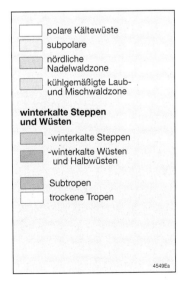

M2: Europa – Landschaftsgürtel

Die Jahreszeiten

Klima und Jahreszeiten gehören zusammen

Wie wir bereits festgestellt haben, gibt es zwischen den Jahreszeiten und dem Klima verschiedene Zusammenhänge. Um diese Zusammenhänge zu verstehen, wollen wir uns im Folgenden mit der Entstehung der Jahreszeiten auf der Erde befassen.

Entstehung der Jahreszeiten

Die Erde dreht sich einmal am Tag von Westen nach Osten um ihre eigene Achse. Dadurch entstehen die Tageszeiten. Gleichzeitig umkreist die Erde als Planet einmal während eines Jahres die Sonne *(M2)*. Die **Erdachse** (eine gedachte Linie durch den Nord- und Südpol) ist hierbei gegenüber der Umlaufbahn um die Sonne schräg geneigt (23,5°). Dies führt zur Entstehung der Jahreszeiten:

Die Nordhalbkugel ist im Juni der Sonne zugewandt und im Dezember von der Sonne abgewandt. So wird die Erdoberfläche bei uns in der gemäßigten Zone im Laufe des Jahres unterschiedlich stark erwärmt. Die Folge dieser wechselnden Sonneneinstrahlung sind Temperaturschwankungen während des Jahres und die Entstehung der Jahreszeiten.

Das ist nicht überall so. Je mehr wir uns dem Äquator nähern, desto weniger ausgeprägt sind die Jahreszeiten. Am Äquator herrscht praktisch das ganze Jahr Sommer, weil die Sonnenstrahlen hier immer sehr steil auf die Erde treffen.

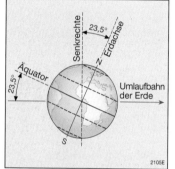

M1: Die Erde „steht schief"

M2: Der Jahresgang der Erde

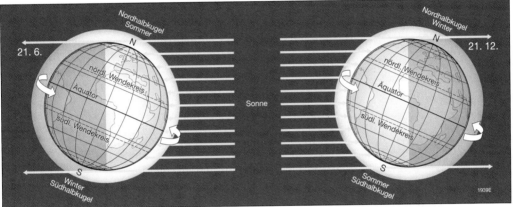

M3: Jahreszeiten

Woher haben die Wendekreise ihren Namen?

Die beiden Breitenkreise bei 23,5° nördlicher und südlicher Breite heißen **Wendekreise**. Hier „wendet" scheinbar die Sonne. Weil die Erdachse um 23,5° gegenüber der Umlaufbahn geneigt ist, fallen die Sonnenstrahlen am 21. Juni um zwölf Uhr mittags senkrecht auf den nördlichen Wendekreis (Sommersonnenwende). Die Sonne steht dann im **Zenit**. Am 21. Dezember fallen sie senkrecht auf den südlichen Wendekreis (Wintersonnenwende). Bei dem scheinbaren „Wandern" des Zenitstandes der Sonne zwischen den Wendekreisen steht die Sonne zweimal im Jahr über dem Äquator im Zenit: am 21. März und am 23. September.

1. Begründe, weshalb die Nordhalbkugel im Juli stärker von der Sonne beschienen wird als die Südhalbkugel.

2. Wie entstehen Sommer und Winter auf der Nordhalbkugel *(M3)*?

3. Im Verlauf eines Jahres wandert die Sonne scheinbar zwischen den beiden Wendekreisen. Erläutere.

4. Warum steht die Sonne nie über Deutschland im Zenit?

Das Klima und seine Auswirkungen auf Mensch und Natur
Auf der Halbinsel Kola

Zwei Monate Nacht, zwei Monate Tag

Es ist nicht einfach, sich vorzustellen, dass der Himmel über einer Großstadt von 470 000 Einwohnern zwischen Ende November und Ende Januar nicht hell wird. Wenn die Lichter der Stadt ausgingen, wäre selbst in der Mittagszeit nur der leichte Widerschein des Nordlichts in dieser langen Polarnacht zu erkennen. Aber auch die Vorstellung, dass es im Sommer zwei Monate lang nicht dunkel wird, dass um Mitternacht die Sonne scheint, ist schwer vorstellbar. Mit der **Polarnacht** und dem **Polartag**, mit der **Mitternachtssonne** in zwei Sommermonaten, müssen die Menschen in Murmansk leben. Im Winter kann die Temperatur bis -40 °C absinken, der Sommer ist kühl-gemäßigt.

Auch die nähere Umgebung kann nicht den Reiz für die Bewohner ausmachen: Flechten und Moose überziehen die Felsen, denn wir befinden uns in der **Tundra**. Das Wort kommt von der Bezeichnung, die die Ureinwohner dem unwirtlichen Land gegeben haben; es bedeutet soviel wie „flacher, waldloser Hügel oder Berg". Man muss von Murmansk nach Süden fahren, um zunächst einzelne Bäume, dann kleinere, geschlossene Wälder zu finden. So passiert man zunächst die Baumgrenze, dann die Waldgrenze. Landwirtschaft so wie bei uns ist ausgeschlossen. Der Boden ist tief gefroren und taut im Sommer nur an der Oberfläche auf. Zeitweise verwandelt sie sich dann in eine schlammige Fläche. Beim Straßen- und Eisenbahnbau, aber auch beim Hausbau entstehen daraus zusätzliche Kosten. Der **Dauerfrostboden** dehnt sich beim Auftauen etwas aus. Dabei drückt er von der Seite gegen die Fundamente. Deshalb müssen sie tief im immer gefrorenen Boden verankert sein.

M1: Lage von Murmansk

M2: Murmansk mit Hafen

M3: Murmansk zur Zeit der Polarnacht

M4: Wirtschaftskarte der Umgebung von Murmansk

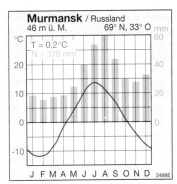

M5: Klimadiagramm von Murmansk

Im Jahr 1915, im Ersten Weltkrieg, wurde zur Sicherung der Grenzen Russlands eine Eisenbahn in den hohen Norden auf die Halbinsel Kola gebaut und an ihrem Endpunkt Murmansk gegründet. Eine Meeresbucht bot Schutz für einen Hafen. Er hat den Vorteil im Winter eisfrei zu bleiben. Eine warme Meeresströmung, die an Norwegen vorbei nach Nordosten zieht, bewirkt dies (s.S. 16 M1).

Das eigentliche Hinterland des Hafens liegt jedoch weit entfernt vom Zentrum Russlands. Die 1450 km lange Eisenbahnlinie von St. Petersburg nach Murmansk muss mit ihren Nebenstrecken auch den Transport der auf der Halbinsel Kola gewonnenen Rohstoffe sichern. Sie ist die wichtigste Leitlinie für die Besiedlung auf der Halbinsel Kola. Auf der Grundlage von Eisen- und Buntmetallerzen und der Nutzung der Wasserkraft hat sich eine Hüttenindustrie entwickelt. In Murmansk sind der Schiffbau, die Holzverarbeitung und die Fischindustrie von Bedeutung.

1. Beschreibe am Beispiel von Murmansk wie sich das Klima der subpolaren Zone auf die Natur auswirkt.

2. Schreibe auf, welche Bodenschätze auf der Halbinsel Kola gefunden werden (M4).

3. Sage mit eigenen Worten, was unter Baumgrenze und was unter Waldgrenze zu verstehen ist.

4. Erläutere, warum Murmansk gegründet wurde und warum heute so viele Menschen dort leben (M4).

In der Nadel-waldzone

Nördliche Grenze der
— Birke
— Kiefer
— Eiche

0   250   500 km

Tundra

Birkenwald

Nadelwald

Mischwald

Laubwald

M1: Baumartengrenzen in Skandinavien

In Finnlands Wäldern

Ausgedehnte Wälder, Moore und Seen kennzeichnen die Landschaft Finnlands. Drei Viertel des Landes sind von Wald bedeckt. Die Wälder Finnlands liegen fast ausschließlich in der nördlichen Nadelwaldzone. Das Klima ist hier kaltgemäßigt mit kurzen, relativ warmen Sommern und langen, kalten Wintern. Die jährliche Niederschlagsmenge ist gering und fällt zum großen Teil als Schnee. Eine lang andauernde Schneebedeckung mit bis zu 200 Tagen im nördlichen Finnland und starke Fröste kennzeichnen die kalte Jahreszeit. Die **Vegetationszeit** beträgt zwischen 110 Tagen im Norden und 180 Tagen im Süden Finnlands.

Wegen der kurzen Vegetationszeit können Laubbäume nicht mehr wachsen. Es herrscht der Nadelwald vor. Nur wenige Arten können unter den rauen Bedingungen gedeihen. Kiefer und Fichte sind gegenüber der Kälte widerstandsfähig und daher in den Wäldern Finnlands am weitesten verbreitet. Außerdem gedeihen hier zwei Birkenarten gut. Da die jährliche Wachstumszeit nur sehr kurz ist, dauert es 60 - 120 Jahre, bis ein Setzling zu einem ausgewachsenen Baum herangereift ist. Die klimatischen Bedingungen und das dadurch bedingte langsame Wachsen der Bäume verleihen dem finnischen Holz eine besonders dichte und feste Struktur.

Der Mensch macht sich die Natur zu Nutze

Der Holzbestand in den finnischen Wäldern umfasst heute 1,9 Mrd. m³. Mit dieser Holzmenge könnte man einen zwei Meter hohen und drei Meter breiten Holzstoß errichten, der achtmal um die Erde ginge. Pro Jahr wachsen etwa 80 Mio. m³ nach, das heißt, 4 m³ pro Hektar und Jahr. Durch eine behutsame Forstwirtschaft konnte der Baumbestand in den letzten Jahrzehnten erhöht werden.

Die Wälder Finnlands befinden sich zu zwei Drittel in Privatbesitz. Die Forstwirtschaft ist für die finnischen Landwirte eine wichtige Einkommensquelle. Ein Viertel der gesamten Waldfläche gehört dem Staat.

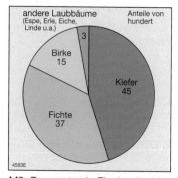

M2: Baumarten in Finnland

Höhe ü. M.	Temperatur Niederschl.	J	F	M	A	M	J	J	A	S	O	N	D	Jahr
Stockholm 44 m	°C	-3	-3	-1	4	10	15	18	17	12	7	3	0	7
	mm	43	30	26	31	34	45	61	76	60	48	53	48	555
Tampere 84 m	°C	-8	-8	-4	3	9	14	17	16	11	5	0	-4	4
	mm	38	30	25	35	42	48	76	75	57	57	49	41	573
Sodankylä 178 m	°C	-14	-13	-9	-2	5	11	15	12	6	-1	-6	-10	0
	mm	27	26	20	31	31	56	74	71	57	43	39	31	506
Zum Vergleich														
Heide 14 m	°C	0	0	2	8	12	16	18	17	13	9	4	2	8
	mm	63	52	45	52	54	61	95	99	89	83	70	60	823

M3: Klimastationen in Nordeuropa

Holzeinschlag und Holztransprt

Im Winter sind die besten Voraussetzungen für den Holzeinschlag gegeben. Niedrige Temperaturen haben dafür gesorgt, dass der Boden tief gefroren ist und lassen den Einsatz von Maschinen zu. In den Sommermonaten ist der Boden zu morastig und die Wege sind unbefahrbar. Außerdem sind in den Wintermonaten weniger Arbeiten in der Landwirtschaft zu verrichten, sodass die Landwirte für den Holzeinschlag genügend Zeit zur Verfügung haben, in der Regel die Monate von Oktober bis Mai.

Zum größten Teil wird der jährliche Holzeinschlag heute maschinell durchgeführt. Dabei verwendet man leistungsfähige Spezialgeräte, wie zum Beispiel die Holzerntemaschine. Auf die Motorsäge kann jedoch weiterhin nicht verzichtet werden. Sie dient vor allem dem Durchforsten des Waldes.

Der Einsatz moderner Maschinen hat dazu geführt, dass nur noch wenige Arbeiter im Wald tätig sind. So beschäftigte ein Werk noch vor 15 Jahren 3000 Arbeiter, heute reichen 600 Arbeiter aus.

Bei den Holztransporten ist zwischen dem Nah- und dem Fernbereich zu unterscheiden. Im Nahbereich wird das Holz durch Waldtraktoren vom Einschlagort bis zu den Holzabfuhrwegen transportiert. Diese modernen lasttragenden Forsttraktoren sind heute erheblich leichter und damit umweltschonender als früher.

Der Ferntransport des Rohholzes aus den Wäldern in die Fabriken wird heute zu drei Viertel mit Lastkraftwagen durchgeführt. Der Anteil der ehemals umfangreichen Flößerei auf Seen und Flüssen ist stark zurückgegangen. Auch der Bahntransport ist rückläufig.

1. Beschreibe die nördliche Nadelwaldzone nach ihren charakteristischen Merkmalen.

2. Zeichne Klimadiagramme von Stockholm, Tampere und Sodankylä. Werte sie nach folgenden Merkmalen aus: Temperatur (Monate unter und über 10 °C, Monate unter 0 °C), Wachstumszeiten (über 5 °C), Niederschläge.

3. Begründe die hohen Anteile der Kiefer und Fichte am Baumbestand. Beachte *M3*.

4. Erkläre den Begriff der Vegetationszeit.

5. Begründe, warum der Holzeinschlag im Winter erfolgt.

6. Beschreibe und begründe die Transportmöglichkeiten des Holzes.

M4: Flößen von Holz: heute nur noch in unwegsamen Gebieten

M5: Beim Holzfällen

In den Subtropen: Der Mittelmeerraum

Ein Meer – drei Kontinente – der Mittelmeerraum

Denken wir an das Mittelmeer, so stellen wir uns meistens Sonne, felsige Küsten und weite Sandstrände vor. Viele Menschen fahren in den Ferien in die Länder am Mittelmeer, um sich zu erholen. Sie lernen eine andere Lebensweise, andere Gerichte und die Gastfreundschaft der Einwohner dort kennen. Aber der Mittelmeerraum ist für uns auch von Interesse, weil zahlreiche ausländische Arbeitnehmer, die in Deutschland arbeiten, in Ländern am Mittelmeer ihre Heimat haben.

Drei Kontinente grenzen an das Mittelmeer: Europa, Asien und Afrika. Die Meerenge des Bosporus und die Dardanellen trennen Europa von Asien, der Suez-Kanal und das Rote Meer bilden die Grenze zwischen Asien und Afrika, und die Straße von Gibraltar trennt Europa von Afrika.

1. Ordne die folgenden Hauptstädte Ländern zu: Rom, Madrid, Valletta, Athen, Ankara *(Atlas)*.

2. Stelle fest, zu welchen Ländern die Inseln und Inselgruppen gehören: Balearen, Sardinien, Korsika, Kreta, Sizilien *(Atlas)*.

3. Finde mithilfe von *M2* heraus, welche beiden Städte und welchen Vulkan *M1, M3* und *M4* zeigen *(Atlas)*.

4. Portugal ist kein Mittelmeerland. Erkläre.

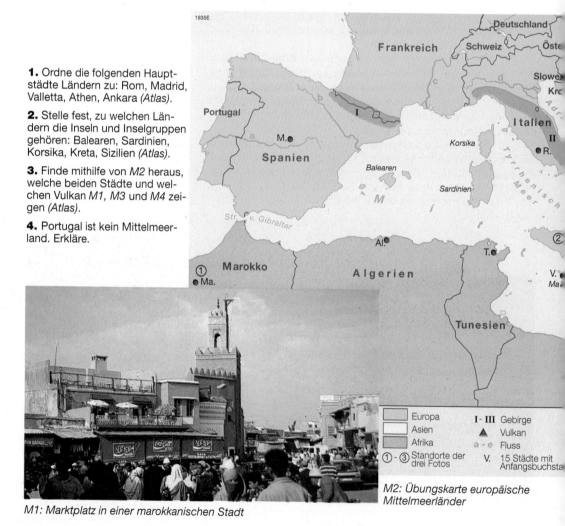

M1: Marktplatz in einer marokkanischen Stadt

M2: Übungskarte europäische Mittelmeerländer

24

M3: Vulkan auf Sizilien

5. Löse die Übungskarte *(Atlas)*.

6. a) Welches Land in Südeuropa sieht aus wie ein Stiefel?
b) An welche Länder grenzen die „Zwerge" unter den Staaten Südeuropas: Andorra, Monaco, San Marino, Vatikanstadt *(Atlas)*?

7. Welche Stadt liegt zum Teil in Asien und zum Teil in Europa?

8. Drei Kontinente grenzen an das Mittelmeer. Lege eine Liste an und ordne zu:

Kontinent	Land am Mittelmeer
Europa	Spanien, ...
Asien	Türkei, ...
Afrika	Marokko, ...

Moldawien
Ukraine
Russland
Rumänien
Georgien
Aserbaidsch
B.
Armenien
Schwarzes Meer
Jugoslawien
Bulgarien
Bosporus
Make-donien
III
Ti.
I.
Albanien
A.
Türkei
Griechenland
At.
③ An.
Syrien
Zypern
Be.
Kreta
Libanon
m e e r
Jordanien
Israel
Suez-kanal
Ägypten
M4: Südtürkei
Saudi-Arabien
Ägypten
Rotes Meer
0   500 km

Tante wohnt in Alicante. In welchem Land liegt diese Stadt?

Hartlaubge-wächse und Dauerkulturen

1. a) Beschreibe das Klimadiagramm von Rom *(M2)*.
b) Vergleiche mit dem Klimadiagramm von Kiel und nenne Unterschiede (*M1* und *2*).

2. a) Wie haben sich die Pflanzen auf das Mittelmeerklima eingestellt?
b) Auch der Olivenbaum ist dem Klima angepasst. Erkläre (i-Text).

3. Warum nennt man die Nutzung des Olivenbaums Dauerkultur?

4. Schreibe auf, zu welchen Zwecken die Bestandteile des Olivenbaums und die Oliven verwendet werden *(M6)*.

Pflanzen des Mittelmeerraumes

Wenn bei uns kühles Aprilwetter herrscht, ist es in den Mittelmeerländern schon warm. Die Sommer sind trocken und heiß. Fast ständig wehen Nordostwinde. Im Herbst und Winter bringen Westwinde Niederschläge. Die Temperaturen sind mild.

In der subtropischen Zone (auch Mittelmeerklima) wachsen zahlreiche Pflanzen, die sich der sommerlichen Hitze und Trockenheit angepasst haben, zum Beispiel Zypresse, Pinie, Agave und Lorbeer. Viele dieser Pflanzen haben kleine immergrüne Blätter mit harter, lederiger Oberfläche oder Dornen. Dadurch schützen sie sich vor zu starker Verdunstung. Man nennt sie Hartlaubgewächse. Verbreitet ist auch die Macchie, ein Dorngestrüpp aus verschiedenen Pflanzenarten.

Pflanzen, die die Menschen zur Ernährung anbauen, nennt man Nutzpflanzen oder Kulturpflanzen. Der Olivenbaum ist die wichtigste Kulturpflanze des Mittelmeerraumes. Auch Wein, Orangen, Zitronen und Pfirsiche gedeihen unter den klimatischen Bedingungen des Mittelmeerraumes besonders gut.

Agave

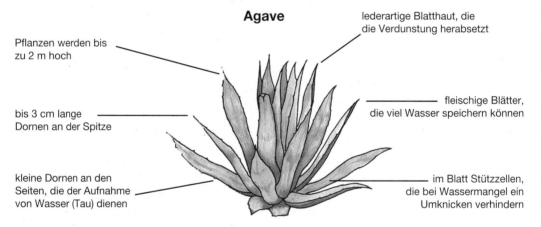

Pflanzen werden bis zu 2 m hoch

lederartige Blatthaut, die die Verdunstung herabsetzt

bis 3 cm lange Dornen an der Spitze

fleischige Blätter, die viel Wasser speichern können

kleine Dornen an den Seiten, die der Aufnahme von Wasser (Tau) dienen

im Blatt Stützzellen, die bei Wassermangel ein Umknicken verhindern

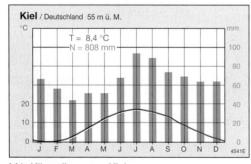

M1: Klimadiagramm Kiel

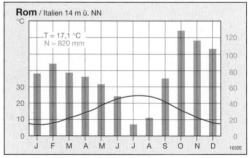

M2: Klimadiagramm Rom

M3: Bei der Olivenernte

i Oliven

Die Olive ist eine der ältesten Kulturpflanzen der Erde. Der Olivenbaum wird auch Öl-baum genannt, denn aus Oliven wird hauptsächlich Öl gewonnen.

Die trockenen Sommer über-steht der Olivenbaum auch durch seine weit verzweigten Wurzeln. Sie können bis zu sechs Meter tief wachsen und bis zu zwölf Meter um den Stamm herumreichen. Dadurch können sie viel Wasser aus dem wasserar-men Boden aufnehmen.

Manche Bäume werden 1000 Jahre alt.

Die Olive, eine Dauerkultur

Ein Olivenbaum kann erst rund 28 Jahre nach seiner Ein-pflanzung ertragreich abgeerntet werden. Dann kann man den Baum viele hundert Jahre nutzen. Man nennt diese Nutzung der Olivenbäume daher Dauerkultur. Vor den ersten Regenfällen im Herbst werden Netze unter den Bäu-men ausgelegt, in die die Oliven fallen. Die Früchte werden zu Speiseoliven oder Olivenöl weiterverarbeitet. Für die Herstellung von Olivenöl bringen die Bauern die Oliven in den zusammengebundenen Netzen zu den Ölpressen, die es in vielen Dörfern des Mittelmeerraumes gibt. Das gelbe, fette Öl, das aus dem Fruchtfleisch der Oliven gewonnen wird, dient auch medizinischen Zwecken.

Grüne Oliven haben noch nicht die Vollreife erreicht. Blaue bis schwarze Oliven sind vollreif.

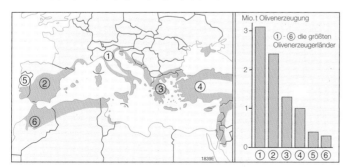

M4: Verbreitung des Olivenanbaus   M5: Erzeugerländer

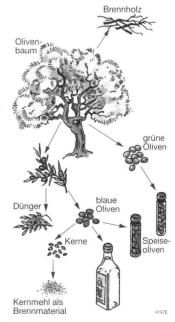

M6: Nutzung

Tourismus am Mittelmeer

M1: Lage Benidorm

M2: Strand von Benidorm 1955

	spanisches Mittelmeer	Nordsee
Wassertemperatur Juli	22 °C	16 °C
Lufttemperatur Juli	24 °C	14 °C
Niederschlag Juli	unter 25 mm	50 – 100 mm
tägliche Sonnenscheinstunden Juli	10	6

M3: Mittelmeer und Nordsee im Vergleich

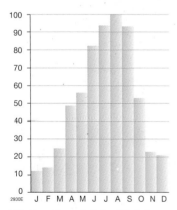

M4: Durchschnittliche jährliche Auslastung der Hotels in Benidorm

Vom Fischerdorf zur Bettenburg

Benidorm an der spanischen Küste war 1955 ein kleines Fischerdorf mit Olivenhainen, Obstgärten und Gemüsefeldern. Heute ist der Ort nicht wieder zu erkennen. Hotelhochhäuser mit zum Teil dreißig Stockwerken stehen dicht nebeneinander. Die Feriengäste müssen untergebracht werden. Am Strand herrscht in der Hauptsaison großes Gedränge. Dieser **Massentourismus** hat Vor- und Nachteile. Frau Pérez von der Stadtverwaltung sagt: „Probleme machen zum Beispiel die Wasserversorgung und die Abwasserbeseitigung in der Hauptsaison. In der Nebensaison sind dann viele Einrichtungen, die für die Touristen gebaut wurden, nicht ausgelastet, zum Beispiel die Post und die Banken."

Juliano, ein Kellner im Hotel Paradiso, berichtet: „Eigentlich wollte ich Fischer werden. Als aber die großen Hotels Personal suchten, habe ich eine Ausbildung als Kellner gemacht. Der Verdienst ist höher und die Arbeit bringt Abwechslung.

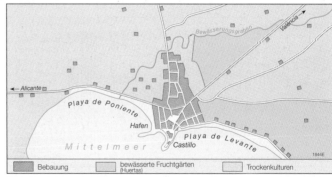

M5: Benidorm 1955

M6: Strand von Benidorm heute

Im Spätherbst, wenn hier die Saison zu Ende ist, arbeite ich in Grenoble in den Alpen. Vielleicht mache ich später einmal mit ein paar Freunden ein Hotel auf. Sie haben alle Erfahrung im Tourismus. Angela arbeitet in einem Friseursalon, Maurice hat einen Bootsverleih, Roberto bedient in einer Eisdiele und Ricardo ist Unterhalter im Strandhotel Paradiso."

So wie Juliano und seine Freunde sind in den Mittelmeerländern viele Menschen vom Tourismus abhängig. Blieben die Gäste aus, so müssten die Bewohner anderswo Arbeit suchen.

Für die Touristen wurde nicht nur viel gebaut, Benidorm hat sich auch auf andere Weise verändert. Boutiquebesitzerin Bernal sagt: „Hier im Ort gibt es fast nur deutsche Gaststätten und Discos. Außerdem stören mich der Lärm, die Autoabgase und die Wasserverschmutzung. Ich fahre in meiner Freizeit ins Hinterland, weg von der Küste und dem Rummel hier. Zum Glück konzentriert sich der Tourismus auf Benidorm, sodass das Umland noch so geblieben ist, wie es war."

M7: Benidorm heute

Saison, Massentourismus

Die **Hauptsaison** ist für einen Urlaubsort die Zeit des Jahres, in der dort die meisten Feriengäste sind. Dies sind in den Mittelmeerländern die Monate Juli und August. Die Preise sind hoch.

Die **Nebensaison** ist die Zeit des Jahres, in der in einem Urlaubsort nicht so viele Gäste sind. Die Preise sind niedriger.

Massentourismus ist eine Form der Erholung, an der eine große Zahl Menschen teilnimmt, z.B. am Badeurlaub am Mittelmeer.

1. Nenne mindestens drei Gründe, warum im Sommer so viele Touristen ans Mittelmeer kommen?

2. Beschreibe, wie sich Benidorm verändert hat.

3. Liste auf:
a) Vorteile des Massentourismus;
b) Nachteile des Massentourismus.

4. Beschreibe die Auslastung der Hotels im Verlauf des Jahres *(M4)*. Verwende die Begriffe „Hauptsaison" und „Nebensaison".

5. Ein Rollenspiel: In einem Reisebüro diskutieren mehrere Personen über Ferien in Benidorm.
Eine Familie interessiert sich für diesen Ort und erklärt, was sie von einem Urlaub dort erwartet. Der Verkäufer im Reisebüro berät die Kunden. Er möchte eine Reise verkaufen und stellt die Vorzüge von Benidorm heraus.
Eine weitere Familie, die schon in Benidorm war, mischt sich in das Gespräch ein. Ihr hat der Urlaub dort überhaupt nicht gefallen.

1. Welche Hauptstädte und Länder liegen an den fünf Eckpunkten Europas?

2. Miss die Entfernungen zwischen folgenden Hauptstädten: Stockholm-Rom, Reykjavik-Athen, Lissabon-Moskau *(Atlas)*.

Euronetz – Ein Partnerspiel zu den Hauptstädten Europas

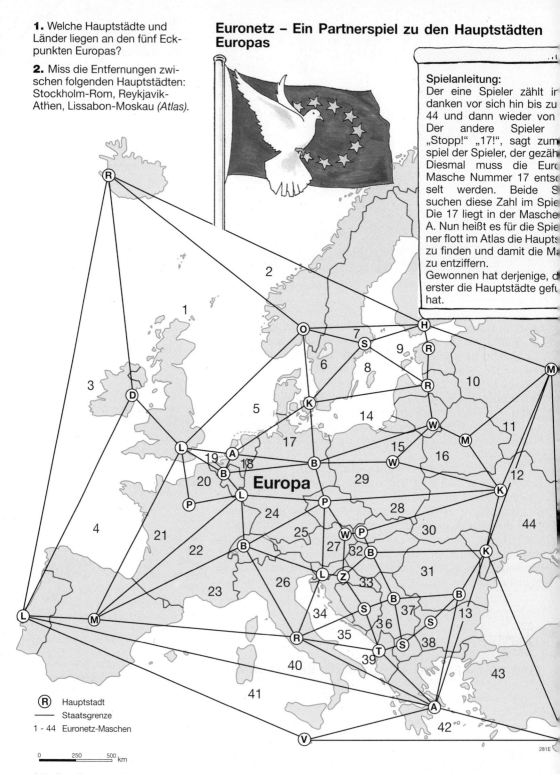

R Hauptstadt
—— Staatsgrenze
1 - 44 Euronetz-Maschen

0   250   500 km

M1: Der Euronetz-Spielplan

30

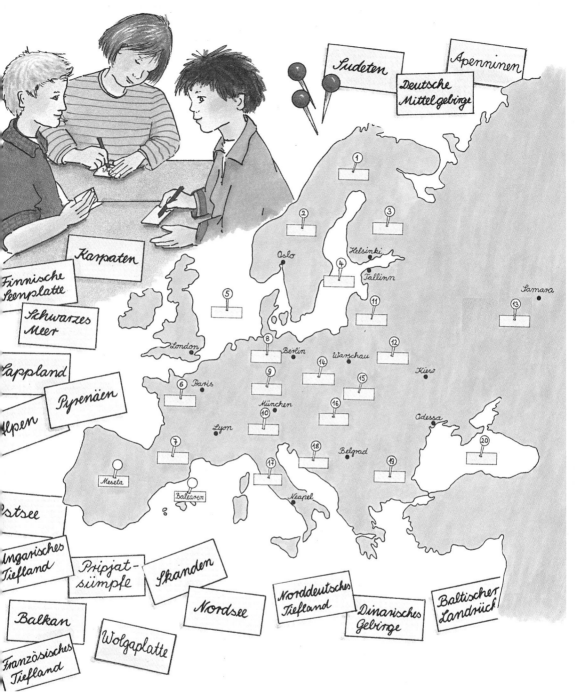

Euro-Pinn – Ein Steckspiel mit der Europa-Karte

Wasser und Eis haben auch in Europa Landschaften geformt. Leicht gesagt, dass man bei den vielen Landschaftsnamen den Überblick behalten soll! Macht es doch wie diese Schülerinnen und Schüler. Sie haben den Umriss Europas aus Tonpapier ausgeschnitten und an der Wand befestigt. Nun wird die Karte mit den Namensschildern von Meeren, Gebirgen und Landschaften Europas gefüllt.

3. Welche Kärtchen gehören zu den Pinn-Nadeln 1-20 (Atlas, Karte: Europa – physische Übersicht)?

Gefahr für das Mittelmeer

Ökologische Gefährdung

21 Länder und drei Kontinente grenzen an das Mittelmeer. Es ist umsäumt von etwa 600 Städten mit jeweils über 10000 Einwohnern. Am Mittelmeer wohnen ungefähr 44 Millionen Menschen. Jedes Jahr kommen 100 Millionen Urlauber. Nur über die 15 Kilometer schmale und 324 Meter tiefe Straße von Gibraltar ist das Mittelmeer mit dem Atlantischen Ozean verbunden. Dadurch findet nur ein sehr geringer Austausch zwischen Mittelmeer- und Atlantikwasser statt.

Die Einleitung von Schadstoffen ins Mittelmeer ist daher besonders belastend. Manche Gebiete werden bereits als Kloake bezeichnet. Die Stellen nehmen zu, an denen Baden gefährlich ist. Einige Fische, Muscheln, Krebse und andere Tiere sind schon geschädigt und oft für den Verzehr durch Menschen nicht mehr geeignet.

1. Nenne drei Verschmutzer des Mittelmeeres *(M1)*.

2. Warum ist das Mittelmeer durch Verschmutzungen besonders gefährdet?

3. Welche Maßnahmen müssen dringend ergriffen werden um das Mittelmeer zu retten?

4. Auch Urlauber tragen zur Verschmutzung des Mittelmeeres bei. Notiere drei Orte mit Fremdenverkehr aus drei verschiedenen Mittelmeerländern *(Atlas, Karte: Mittelmeerraum – Wirtschaft)*.

Wer verschmutzt das Mittelmeer?

Anwohner, Touristen, Landwirte und Fabriken gelten als Verursacher für die Verschmutzung. Über die Flüsse, zum Beispiel Po, Rhône und Nil, gelangt eine riesige Schmutzlast aus Abfällen und Abwässern ins Meer. Die Länderliste der Verschmutzer führt Italien an, gefolgt von Spanien und Griechenland.

Eine Besserung ist kaum abzusehen. Einleitungsverbote müssen ausgesprochen und Kläranlagen gebaut werden, aber oft fehlt das Geld, oder die Länder sind nicht bereit schärfere Auflagen für die Industrie auszusprechen. Doch die Zeit drängt. Noch ist das Mittelmeer zu retten.

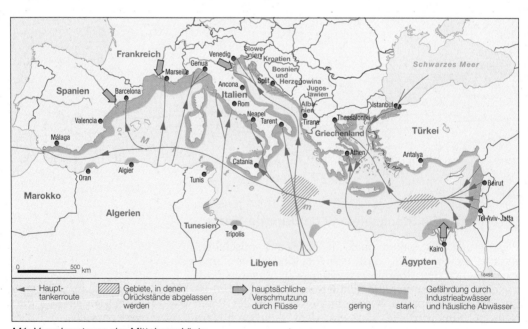

M1: Verschmutzung der Mittelmeerküste

Europas vielfältige natürliche Ausstattung

Großlandschaften	Im Norden:	Gebirgsland aus alten Gesteinen (Skandinavisches Gebirge);
	In der Mitte:	Tiefland – größter Teil Europas, von Westen nach Osten hin breiter werdendes Mittelgebirgsland – aus vielen Gebirgen bestehend, durch Becken voneinander getrennt;
	Im Süden:	Hochgebirge – z.B. Alpen, Karpaten, dazwischen weite Becken, z.B. Pannonisches Becken. Lang gestreckte Küste entlang des Mittelmeers mit zahlreichen vorgelagerten Inseln, besonders in der Adria und im Ägäischen Meer.

Klimazonen	Landschaftsgürtel
● kalte Zone	● polare Kältewüste
	● subpolare Tundra
	● nördliche Nadelwaldzone
● gemäßigte Zone	● kühlgemäßigte Laub- und Mischwaldzone
	● Steppe (Grasland)
● warme, subtropische Zone	● Subtropen (Hartlaubvegetation)

Klimaunterschiede in der gemäßigten Klimazone

Westen ———————— *Hauptwindrichtung* ————▶ *Osten*

Seeklima (Ozeanisches Klima)	**Übergangs- klima**	**Landklima** (Kontinentales Klima)
– kühle Sommer – milde Winter		– warme bis heiße Sommer – kalte bis sehr kalte Winter
- geringe Temperaturgegensätze zwischen Sommer und Winter		- große Temperaturgegensätze zwischen Sommer und Winter
- hohe Niederschläge - zu allen Jahreszeiten		- geringe Niederschläge zu allen Jahreszeiten

Europas Landschaftsgürtel

Das Wichtigste kurz gefasst

Grundbegriffe

Europäische Union (EU)
Meteorologe
Klima
Klimazone
gemäßigte Zone
(gemäßigtes Klima)
Seeklima
Übergangsklima
Landklima
Erdachse
Zenit
Wendekreis
Tundra
Polarnacht
Polartag
Mitternachtssonne
Dauerfrostboden
Vegetationszeit
Massentourismus

Montagearbeiten auf einem der zwei 254 m hohen Pylone (Pfeiler) der Hängebrücke

Verkehrswege verbinden Europa

über den Großen Belt, Dänemark

Brückenschlag nach Skandinavien

1. Von Deutschland aus gibt es verschiedene Fährverbindungen nach Südschweden. Beschreibe die Routen *(Atlas, Karte: Nordeuropa – physisch)*.

2. Benenne die in *M1* eingezeichneten Staaten, Städte und Meere/Seen *(Atlas, Karte: Nordeuropa – physisch)*. Trage sie in eine Tabelle ein.

3. Fertige zum Reiseverlauf *(M3)* eine Skizze an. Lege dazu Transparentpapier auf *M1* und trage darauf Folgendes ein:
– Umfahre mit einem Bleistift im Süden die deutsche Küste und den Staat Dänemark mit seinen beiden großen Inseln vor der Ostküste. Umrande grob die Staaten Norwegen und das angrenzende Schweden. Von den Inseln brauchst du nur die Lofoten einzutragen.
– Klebe das Transparentpapier auf ein weißes Blatt Papier.
– Schreibe dir alle im Reiseverlauf *(M3)* vorkommenden Namen von Städten und Inseln heraus.
– Markiere und beschrifte nun diese Orte auf deiner Karte. Dazu musst du sie zunächst auf der Atlaskarte „Nordeuropa – physisch" suchen und dann übertragen.
– Trage zum Schluss die Route ein: Flüge in Schwarz, Schiffsroute in Blau und Busfahrt in Rot.

Europas Norden

„Skandinavien kennen zu lernen ist von einem besonderen Reiz. Vieles ist hier anders. Die Menschen scheinen Zeit zu haben. Eile und Hektik findet man kaum. Vielleicht liegt es daran, dass die Länder im Norden unseres Kontinents so dünn besiedelt sind. Der Reisende wird hier als Gast erwartet und darf sich wohl fühlen."

Diese Sätze aus einem Reiseprospekt machen neugierig. Was ist tatsächlich so anders in den Ländern Nordeuropas? Wir wollen dieser Frage nachgehen und Landschaften und Länder des Nordens genauer betrachten. Zwischen dem Europäischen Nordmeer, der Barentssee, der Nordsee und der Ostsee liegt dieser Teil Europas. Folgende acht Länder werden zu Nordeuropa gezählt: Dänemark, Norwegen, Schweden, Finnland, Estland, Lettland, Litauen und Island.

Skandinavien ist ein Teil Nordeuropas. Reisende aus Deutschland, die ihren Urlaub in Skandinavien verbringen möchten, können verschiedene Fähren zur Anreise nutzen. In der Hauptreisezeit verkehren sie täglich mehrfach. Hunderte von Fahrzeugen und Personen finden darauf Platz. Selbst Bahnwaggons können verladen werden.

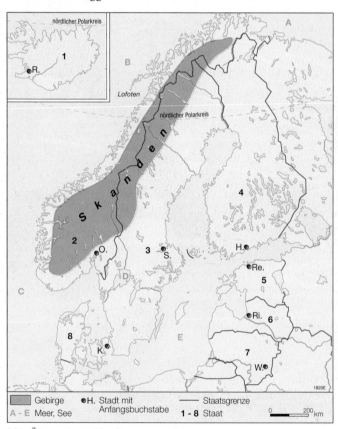

M1: Übungskarte Nordeuropa

M2: Postschiff auf der Fahrt zum Nordkap

Skandinavien - Baltikum - Nordeuropa

Die Bezeichnung Skandinavien leitet sich von dem Gebirge Skanden ab. Im allgemeinen Sprachge-
brauch werden Norwegen, Schweden, Finnland und Dänemark als skandinavische Länder zusammengefasst. Diese vier Länder besitzen zahlreiche geschichtliche und kulturelle Gemeinsamkeiten.
Auch die Bewohner der drei baltischen Länder (Estland, Lettland, Litauen) fühlen sich kulturell zu
den skandinavischen Staaten hingezogen. Man fasst daher die Länder Skandinaviens und des Bal-
tikums (abgeleitet von Baltischer See = Ostsee) unter dem Begriff Nordeuropa zusammen.

H und *W-REISEN* Stuttgart   OSLO

➢ *7 Tage-Exklusivreise zum Nordkap*
Reisepreis p.P. im DZ nur 1998,– DM

Der Reiseverlauf

1. Tag: Linienflug von Hamburg nach Kopenhagen
(Stadtbesichtigung in der Hauptstadt Dänemarks). Weiterflug nach Bergen im Südwesten von Norwegen. Einschiffung auf der
MS ‚Narvik'.

2. Tag: Ålesund und Kristiansund werden angelau-
fen – lohnende Landgänge in beiden Hafen-
städten.

3. Tag: Mittags in Trondheim; malerische Lage der
Stadt am Trondheimsfjord.

4. Tag: Fahrt entlang der Küste, vorbei an idylli-
schen Fischerdörfern.

5. Tag: Frühmorgens überquert das Schiff den
nördlichen Polarkreis und erreicht gegen
Abend die Inselgruppe der Lofoten.

6. Tag: Weiterfahrt über Tromsö und Hammerfest
zum Nordkap, dem nördlichsten Punkt Europas.

7. Tag: Rückfahrt mit dem Bus bis Narvik; Flug
über Oslo, der Hauptstadt Norwegens,
nach Hamburg zurück.

POLARKREIS

LOFOTEN

NORDKAP

M3: Aus einem Reiseprospekt

M1: Brückenverbindungen über die Ostsee (Dänemark-Schweden)

1. Welche Veränderungen ergeben sich durch den „Brückenschlag nach Skandinavien" im Jahr 2000?

Neue Verkehrswege werden erschlossen

Dort, wo die Ostsee den direkten Weg nach Norden versperrt, übernehmen Fähren den Weitertransport. Sie verbinden beispielsweise die Häfen Deutschlands und Dänemarks mit denen in Südschweden. Wer also mit der Eisenbahn nach Schweden reist, wird ausgehend von einem der deutschen Fährhäfen in Puttgarden, Rostock oder Sassnitz in seinem Zug von einer Fähre nach Rødby, Gedser oder Trelleborg übergesetzt (M2, Atlas). Man benötigt dafür zwar einige Stunden, doch der Transport mit den modernen Fährschiffen ist sehr bequem.

Als Reisender hat man die Möglichkeit während der Schifffahrt in seinem Zugabteil zu bleiben. Viel interessanter ist es aber auszusteigen und sich auf eines der Passagierdecks zu begeben. Dort lässt sich die Überfahrt am besten genießen. Restaurants laden zum Essen ein und Geschäfte mit zollfreien Waren verführen die Reisenden zum Einkaufsbummel.

Auch Lkws, Pkws und Wohnmobile finden im Bauch der Fähre Platz (M3). Das Fährschiff „K. Carstens", das bis Ende 1997 auf der Linie Puttgarden-Rødby verkehrte, transportierte beispielsweise neben kompletten Reisezügen noch mehrere Hundert Autos und 1500 Passagiere.

M2: Historischer Eisenbahnfährhafen Nyborg

M3: Autofähre „Difko Nyborg"

M4: 70 m unter dem Großen Belt

„Mit der Eisenbahn über die Ostsee..."

Das Zeitalter der Fähren geht jedoch zu Ende. Noch vor Ablauf des 20. Jahrhunderts wird es eine direkte Verbindung zwischen dem dänischen Festland und Schweden geben. Zumindest dort wird der Fährverkehr völlig eingestellt werden. Viele Seeleute werden ohne Arbeit sein. Dafür sorgen zwei dänische „Jahrhundertbauwerke".

1997 wurde die durchgehende Eisenbahnverbindung zwischen Fünen und Seeland hergestellt und die Hauptstadt Kopenhagen damit direkt an das Festland angebunden. Dazu musste eine Möglichkeit gefunden werden, den 18 km breiten Großen Belt zu überwinden *(M1)*.

Das geschah mittels einer Brücken-Tunnel-Kombination, dem ersten der beiden Jahrhundertbauwerke. Aus Jütland kommend fahren Züge und Autos zunächst gemeinsam auf einer Brücke über die Ostsee. Auf der kleinen Insel Sprogø teilen sich dann die Verkehrswege. Während die Autos auf eine Hängebrücke hinauf fahren, verschwinden die Züge in einem Eisenbahntunnel, der 70 m unter der Ostsee verläuft *(M4)*.

M5: Insel Sprogø

Die Hängebrücke ist mit einer Spannweite von 1624 m und einer Höhe von bis zu 60 m über dem Wasserspiegel die größte freischwebende Brücke der Welt. Ihre beiden Pylone (Pfeiler) ragen 254 m in den Himmel, damit sind sie etwa so hoch wie der Berliner Fernsehturm *(S. 34/35; M6)*. Die Pylone stehen auf vier Betonblöcken von der Größe eines Fußballfeldes. Jeder dieser Blöcke wiegt Zehntausende von Tonnen. Sie wurden satellitengesteuert auf den Millimeter genau in den Großen Belt gesetzt.

Noch enden die Züge in Kopenhagen. Wer auf die andere Seite des Öresunds nach Malmö in Schweden gelangen möchte, muss bis zum Ende des 20. Jahrhunderts noch die Fähre benutzen. Doch auch hier wird bereits an der Fertigstellung einer Brückenverbindung gearbeitet. Es entsteht das zweite Jahrhundertbauwerk. Im Jahr 2000 soll der „Brückenschlag nach Skandinavien" Wirklichkeit geworden sein.

M6: Autobahnbrücke nach Seeland (im Bau)

Transit über die Alpen

Vom Bergpfad zur Autobahn

Die Bernhardinerhunde am Großen-Sankt-Bernhard-Pass werden heute nicht mehr gebraucht. Früher kam es häufig vor, dass sich Reisende verirrten. Dann halfen die Hunde den Weg in die Herberge am **Pass** zu finden. Jetzt sind die Zeiten vorbei, in denen die Überwindung der Alpen auf steilen Pfaden noch ein Abenteuer war. Heute erreicht der Reisende mühelos selbst die entferntesten Täler.

Viele Berge können in einem Tunnel durchfahren werden. Über enge Täler ziehen sich Brücken. Man baute Straßen und Autobahnen. Damit Bahnstrecken und Straßen nicht durch Steinschlag oder Lawinen beschädigt werden, wurden kilometerlange Schutzdächer errichtet. Auch für den Winter ist man gerüstet: Wuchtige Schneepflüge und -fräsen stehen bereit um die Straßen schnell zu räumen. Dadurch sind die Hauptverbindungen von Norden nach Süden ganzjährig befahrbar.

1. Nenne zwei Vorteile, die eine Tunnelstrecke für die Autofahrer, aber auch für den Naturraum hat.

2. Die Europabrücke *(M1)* ist ein Teil der Brennerautobahn. Zwischen welchen Städten liegt sie (M2 und *Atlas, Karte: Alpenländer – physisch*)?

„Tonnenweise Tomaten, Tankwagen voll Wein, Millionen von Touristen und immer wieder Völkerscharen – für alle diese Ströme von Obst, Wein und Menschen war und ist der Brenner die große Schleuse zwischen Nord und Süd."
(aus MERIAN)

M1: Europabrücke (Brennerautobahn)

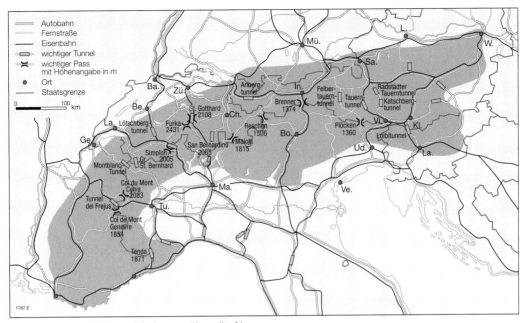

M2: Wichtige Verkehrsverbindungen über die Alpen

Je umfangreicher die Warenmenge wurde, die zwischen den Ländern nördlich und südlich der Alpen ausgetauscht wurde, desto mehr baute man die Verkehrswege aus. Zu Staus auf den Straßen kommt es, wenn nördlich der Alpen die Ferien beginnen. Stündlich passieren dann Tausende von Fahrzeugen die Grenzstationen, zum Beispiel diejenige am Brennerpass. Fahrzeugkolonnen aus Lastkraftwagen und Personenwagen stauen sich manchmal kilometerweit. Lärm und Abgase sind dann für die Bewohner der Alpentäler und die Natur eine große Belastung. Deshalb wird überlegt die Eisenbahnlinien auszubauen um mehr Fahrzeuge mit der Bahn zu transportieren.

Ausgewählte Alpenübergänge	Passhöhe	Tunnellänge	
(Pass oder Tunnel)		Straßen-tunnel	Eisenbahn-tunnel
Montblanc-Tunnel	–	11,6 km	–
Großer St. Bernhard	2469 m	5,8 km	–
St. Gotthard	2108 m	16,3 km	15,0 km
Arlbergtunnel	1793 m	14,0 km	10,2 km
Reschen	1506 m	–	–
Brenner	1374 m	–	–
Felbertauerntunnel	–	5,2 km	–
Tauerntunnel	–	–	8,6 km
Radstädter Tauerntunnel	1738 m	6,4 km	–

M3: Wichtige Alpenübergänge in Zahlen

3. Lege Transparentpapier auf M2. Umrande die Alpen und markiere die in M3 genannten Pässe und Tunnel.

4. Ein Pkw fährt auf dem kürzesten Weg von Mailand nach Zürich. Durch welchen Tunnel wird er fahren (M2 und *Atlas, Karte: Alpenländer – physisch*)?

5. Ein Lastwagen durchquert die Alpen von Salzburg nach Laibach. Er fährt durch drei Tunnel. Welche sind es (M2 und *Atlas, Karte: Alpenländer – physisch*)?

41

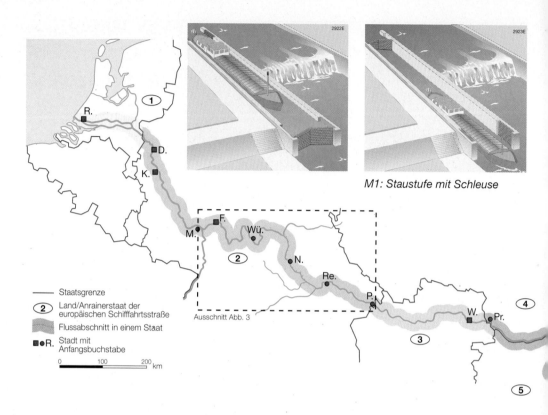

M1: Staustufe mit Schleuse

Staatsgrenze

② Land/Anrainerstaat der europäischen Schifffahrtsstraße

Flussabschnitt in einem Staat

■●R. Stadt mit Anfangsbuchstabe

Ausschnitt Abb. 3

0 100 200 km

M2: Schifffahrtsstraße Europas: Von der Nordsee bis zum Schwarzen Meer

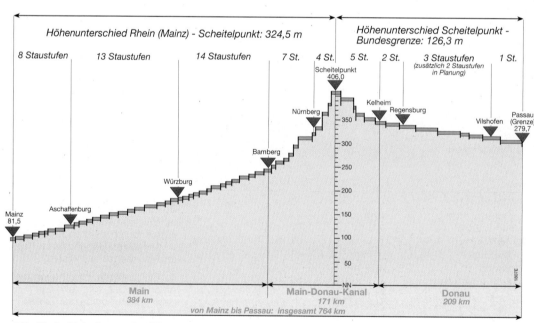

Höhenunterschied Rhein (Mainz) - Scheitelpunkt: 324,5 m

Höhenunterschied Scheitelpunkt - Bundesgrenze: 126,3 m

8 Staustufen   13 Staustufen   14 Staustufen   7 St.   4 St.   5 St.   2 St.   3 Staustufen *(zusätzlich 2 Staustufen in Planung)*   1 St.

Scheitelpunkt 406,0

Nürnberg

Kelheim

Regensburg

Passau (Grenze) 279,7

Vilshofen

Bamberg

Würzburg

Aschaffenburg

Mainz 81,5

350

300

250

200

150

100

50

NN

Main *384 km*   Main-Donau-Kanal *171 km*   Donau *209 km*

von Mainz bis Passau: insgesamt 764 km

M3: Rhein-Main-Donau-Schifffahrtsstraße im Profil

Die Rhein-Main-Donau-Schifffahrtsstraße

27.9.1992 Kelheim/Bayern. Nach über zwanzigjähriger Bauzeit ist der 171 km lange Main-Donau-Kanal fertig gestellt. Damit wurde ein für ganz Europa bedeutender **Kanal** fertig gestellt. Es entstand eine 3500 km lange **Wasserstraße** von der Nordsee bis zum Schwarzen Meer.

Die Rhein-Main-Donau-Schifffahrtsstraße in der Diskussion zwischen Gegnern und Befürwortern

Zahlreiche Gegner versuchten über Jahre hinweg den Bau des Kanals zu verhindern. Auch heute kritisieren ihn viele Naturschützer. Er beeinträchtige die natürlichen Grundlagen der Landschaft und die Flussbetten von Regnitz und Altmühl. Manche Verkehrsexperten halten die Wasserstraße für unwirtschaftlich. Die zahlreichen Schleusen, die es wegen der Staustufen gibt, würden den Gütertransport von Rotterdam nach Konstanza um etwa vier Wochen verzögern. Dadurch sei die Konkurrenz durch Lkw und Bahn zu groß.

Befürworter verweisen auf den günstigen Energieverbrauch (weniger Dieselkraftstoff) und die Umweltschonung (kaum Luftverunreinigungen) bei den Schiffstransporten. Außerdem erwarten Fachleute durch den Main-Donau-Kanal eine Belebung und Anbindung von Wirtschaftsräumen, zum Beispiel von Ostbayern, der Tschechischen Republik und der Slowakei. Schließlich sei der Kanal, so die Befürworter, auch ein Symbol (Zeichen) für ein zusammenwachsendes Europa.

Eine Wasserstraße nach Südosteuropa

1. Von der Nordsee bis zum Schwarzen Meer! Fahre diese Schifffahrtsstraße in *M2* nach. Bestimme
a) die Staaten ① bis ⑨ ,
b) die eingetragenen Binnenhäfen entlang der Wasserstraße.
(Atlas, Karte: Mitteleuropa – physisch)

2. Wo beginnt, wo endet der Main-Donau-Kanal (*M3* bzw. *Atlas, Karte: Deutschland – physisch*)?

3. Betrachte das Profil in *M3* und bestimme mit dem Lineal ungefähr die Höhenlage der Binnenhäfen von Aschaffenburg, Würzburg, Bamberg, Nürnberg, Kelheim, Regensburg.

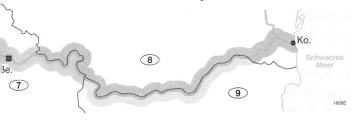

i Kanal

Der Begriff Kanal hat in der Erdkunde eine zweifache Bedeutung:
a) Ein Kanal ist ein künstlich angelegter Wasserlauf, z.B. für die Schifffahrt. Schifffahrtskanäle verbinden häufig verschiedene Flüsse miteinander oder stellen Verbindungen von Flüssen mit Seehäfen her. Kanäle verbinden oft auch Wirtschaftsräume, die abseits der schiffbaren Flüsse und Seehäfen liegen. Kanäle schließen Lücken im Netz der Binnenwasserstraßen.
b) Die Meeresstraße zwischen Frankreich und England hat den Namen „Der Kanal".

M4: Main-Donau-Kanal im Altmühltal

43

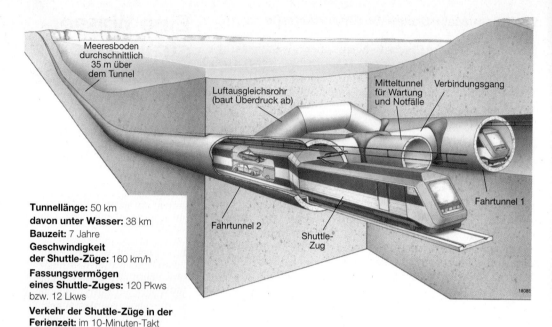

Tunnellänge: 50 km

davon unter Wasser: 38 km

Bauzeit: 7 Jahre

Geschwindigkeit der Shuttle-Züge: 160 km/h

Fassungsvermögen eines Shuttle-Zuges: 120 Pkws bzw. 12 Lkws

Verkehr der Shuttle-Züge in der Ferienzeit: im 10-Minuten-Takt

Fahrzeit: 35 Minuten (doppelt so schnell wie das Fährschiff Dover – Calais)

Verkehr im Mitteltunnel: 24 Mercedes-Spezialfahrzeuge, u.a. für Notfälle

Kennzeichen der Waggons: hell, klimatisiert, aber fast fensterlos

6. Mai 1994: Dieser Tag war für den Reiseverkehr in Europa ein wichtiges Datum. Nach siebenjähriger Bauzeit gaben die britische Königin und der französische Staatspräsident ein Jahrhundertbauwerk frei. Es ist der Kanaltunnel. Von Calais in Frankreich fahren seither Züge unter dem Meer hindurch nach Folkestone in Großbritannien.

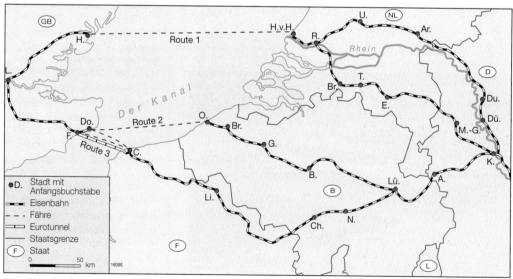

M1: Reiseverbindungen vom europäischen Festland nach Großbritannien (Auswahl)

Ein Jahrhundertbauwerk

In den letzten Jahren hat kaum ein Bauwerk so oft für Schlagzeilen gesorgt wie der Kanaltunnel, auch Eurotunnel genannt. Dieses Tunnelsystem bietet Reisenden die Möglichkeit unter dem Meer, das heißt durch den Meeresboden, vom europäischen Festland auf die Britischen Inseln zu fahren oder umgekehrt.

Schnelligkeit – Sicherheit – Komfort

In zwei Fahrtunneln von je 8 m Innendurchmesser pendeln sogenannte **Shuttle-Züge** für Pkws und Lkws zwischen Frankreich und Großbritannien hin und her. Bahnreisende können London von Paris aus durch den Eurotunnel in drei Stunden erreichen. Für einen reibungslosen Ablauf werden die beiden Fahrtunnel von einer dazwischenliegenden dritten Tunnelröhre aus ständig gewartet. Die drei Tunnelröhren sind durch Quergänge alle 400 m miteinander verbunden.

Sämtliche technischen Einrichtungen, zum Beispiel Signalanlagen, Oberleitungen, Zugsteuerung, Strom, Belüftung, Telefon und Sicherheitssysteme, wurden in den Tunnelröhren installiert. „Sicherheit und Schnelligkeit" sind die Werbeargumente der Tunnelgesellschaft. Damit will sie Reisende bewegen statt eines Fährschiffes den teureren Shuttle-Zug zu wählen.

Eurotunnel: Im Zug durch die Röhre

1. Bestimme zwei der eingetragenen drei Reiserouten in *M1* von Köln nach London (*Atlas, Karte: Benelux-Staaten*).

2. Notiere Folgendes zum Kanaltunnel:
a) den Streckenverlauf,
b) die Lage,
c) die Bauweise,
d) die technischen Einrichtungen.

3. Erkläre den Begriff „Shuttle-Zug". Wie unterscheidet sich dieser Zug von einem herkömmlichen Reisezug?

i

Shuttle-Zug

Das englische Verb „to shuttle" heißt übersetzt (sich) schnell hin und her bewegen, befördern, pendeln.
Ein Shuttle-Zug ist demnach ein Pendelzug. Die im Kanaltunnel eingesetzten Shuttle-Züge sind besonders schnelle Pendelzüge, die Autos mit Insassen und Ladung transportieren. An jedem Zugende befindet sich ein Triebkopf (eine Art Lokomotive). Dazwischen sind zwölf Doppelstock-Wagen für Pkws oder auch Wagen für Lkws miteinander verbunden. Sie sind außen vollkommen mit Aluminium verkleidet und daher windschlüpfrig. Fahrer und Mitreisende bleiben während der Tunnelfahrt in oder bei ihren Fahrzeugen.

M2: Pkws fahren auf den Shuttle-Zug

Projekt:
Wir untersuchen die Verkehrssituation in unserem Schulort

In einem Projekt am Schulort könnt ihr untersuchen, wo die verkehrsreichen Straßen und Plätze sind, wo es für Fußgänger und Fahrradfahrer besonders gefährlich ist, warum die Menschen in den Ort kommen und wie lange sie unterwegs sind. Schließlich könnt ihr Vorschläge machen, den Schulweg sicherer zu gestalten.

Um solche Aufgaben zu lösen teilt ihr euch am besten in Gruppen auf. Ihr könnt folgendermaßen vorgehen:
– Eine Gruppe besorgt sich einen Stadtplan des Schulortes. Mit farbigen Punkten werden die Schule (großer Punkt) und die Wohnstandorte aller Schülerinnen und Schüler der Klasse (kleine Punkte) markiert. Die Schulwege werden eingetragen.

Dann lädt die Gruppe die örtliche Polizei ein und bittet sie eine Karte der wichtigsten Unfallschwerpunkte mitzubringen und in der Klasse zu erläutern. Schulwegekarte und Unfallkarte werden miteinander verglichen. Mögliche Gefahrenstellen werden in den Stadtplan eingezeichnet.

Die Karte dient als Grundlage um die Verkehrssicherheit auf dem Weg zur Schule zu erhöhen. Die Einrichtung von Zebrastreifen, Fußgängerampeln oder auch Umwege können vorgeschlagen werden. Die Klasse sammelt die Vorschläge und gibt sie an die Schulleitung weiter. Stadtverwaltung und Polizeibehörden können eingeschaltet werden um mögliche Umsetzungen der Vorschläge zu besprechen.
– Eine Gruppe erkundet, wie häufig öffentliche Verkehrsmittel in die benachbarten Orte fahren und berichtet der Klasse.
– Eine Gruppe befragt mindestens zehn Fußgänger (*M3* und *M4*) und berichtet über die Ergebnisse.
– Eine Gruppe zählt 4 x 15 Minuten die Fahrzeuge in einer Straße. Sie berichtet der Klasse über die Menge und die Art der Fahrzeuge.
– Eine Gruppe stellt fest, welche Verkehrswege den Schulort mit der Umgebung verbinden. Sie zeichnet eine einfache Karte. In der Klasse wird eingeschätzt, wie gut der Schulort erreichbar ist.

Methoden

– Kartierung
Ihr könnt zum Beispiel kartieren: Radwege, Fußwege, Ampeln, Zebrastreifen, Parkplätze, Bushaltestellen, Gefahrenstellen, Tempo-30-Zonen.

– Befragung
Ihr könnt zum Beispiel befragen: Fußgänger, Radfahrer, Bekannte, Familienmitglieder, Autofahrer zu folgenden Themen:
Warum kommen Sie hierher? Wie oft? Mit welchem Verkehrsmittel?

– Verkehrszählung
Ihr könnt zum Beispiel in einer Hauptstraße, Nebenstraße, zu verschiedenen Tageszeiten, in verschiedene Richtungen zählen: Zahl der Fahrzeuge, Fahrzeugarten.

M1: Verkehrszählung

46

Ablauf eines Projektes

1. Vorbereitung
Wir überlegen gemeinsam in der Klasse:
Was wollen wir machen?
Wie wollen wir vorgehen?
Mit welchen Methoden wollen wir arbeiten?

2. Durchführung
Wir arbeiten in Gruppen.
Wir planen unser Vorhaben in der Schule.
Wir führen die Erkundung vor Ort durch.

3. Vorstellen der Ergebnisse
Wir fassen die Ergebnisse in der Gruppe zusammen.
Jede Gruppe berichtet vor der Klasse.

Tipps zur Vorstellung der Ergebnisse

Ihr könnt die Ergebnisse der einzelnen Gruppen zum Beispiel in einer Wandzeitung zusammenstellen. Dazu eignen sich Texte, Karten, Fotos und Diagramme. Kurze Ergebnistexte können auf dem Fotokopiergerät vergrößert und eingeklebt werden. Wie ihr zum Beispiel Diagramme zeichnet, ist auf den Seiten 102-103 erklärt. Bei der Gestaltung der Wandzeitung können auch andere Fächer helfen (Deutsch, Kunst, Werken).
Ihr könnt auch eine Video-Dokumentation erstellen oder eine Mappe mit allen Ergebnissen anlegen.

Warum sind Sie unterwegs?

Arbeit	3
Schule	2
Einkaufen	3
Freizeit	1
Nach Hause	4

M3: Befragungsbogen

Welches Verkehrsmittel benutzen Sie für den Weg zur Arbeit?

Zu Fuß	3
Fahrrad	2
Moped/	
Motorrad	1
Auto	6
Autobus	2

M4: Befragungsbogen

Verkehrszählung

Eine Verkehrszählung dient dazu, aktuelle Zahlen zur Verkehrssituation eines Ortes zu gewinnen. Ihr könnt dabei zum Beispiel das Verkehrsaufkommen in ausgewählten Straßen oder an einer Kreuzung zu verschiedenen Zeiten ermitteln (Arbeitsschritte siehe links). Dabei ist eine Unterscheidung nach Kfz-Arten (z.B. Pkw, Lkw) sinnvoll. Ihr könnt auch die Auslastung von Parkplätzen untersuchen.

```
Verkehrszählung: Anzahl der Fahrzeuge nach Arten

Standort: Broistedter Straße
Tag/Datum: Donnerstag, 30.5.97
Besonderheit: sonniger Tag, Baustelle
(z.B. Regentag, Werktag, Umleitung)
Name der Zählerin/des Zähler: Till, Stefan
```

Zeit	Pkw	Lkw	Bus	Motorrad u.ä.	Fahrrad
8.30-8.45	HHT HHT HHT HHT III	HHT I	HHT IIII	I	HHT II
8.45-9.00	HHT HHT HHT HHT HHT HHT HHT II	IIII	I	–	III
9.00-9.15	HHT HHT HHT HHT HHT HHT HHT HHT III	IIII	–	–	II
9.15-9.30	HHT HHT HHT HHT HHT HHT HHT HHT HHT HHT HHT I	I	I	I	I

M2: Beispiel für Erhebungsbogen

Das europäische Verkehrnetz

Ein Spinnennetz über Europa – das Verkehrsnetz

Wie ein Spinnengewebe überzieht ein Netz aus Straßen, Eisenbahn- und Fluglinien sowie Wasserstraßen Europa. Man spricht vom europäischen Verkehrsnetz. Es verbindet die Nachbarstaaten und ermöglicht den Transit selbst zwischen den entlegensten Punkten unseres Kontinents. Dabei werden Gebirge überwunden und Gewässer über- oder unterquert. Beim Betrachten einer Verkehrskarte fällt auf, dass das Netz aus den Verkehrslinien in einigen Gebieten sehr weitmaschig ist, in anderen Gebieten hingegen eine starke Verdichtung aufweist. Besonders in den Verdichtungsräumen kreuzen sich die Verkehrslinien.

1. Warum bezeichnet man Deutschland häufig als Durchgangsland?
Suche Länder mit nur einer Hauptverkehrsader.

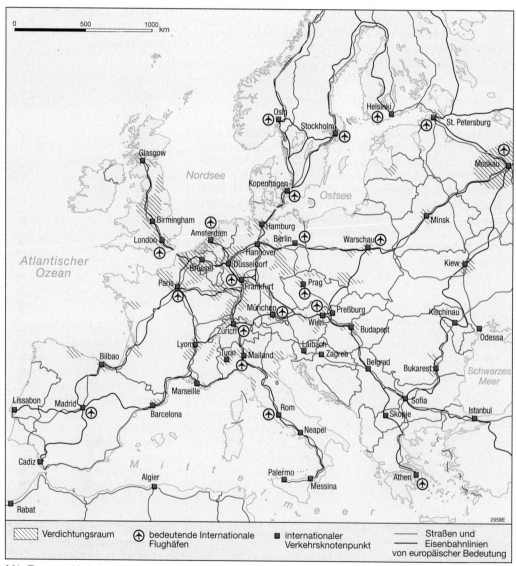

M1: Europa - Verkehr

Brückenschlag nach Skandinavien

Skandinavien ist der Name der großen Halbinsel in Nordeuropa. Der Name leitet sich vom Gebirge der Skanden ab, das die Halbinsel durchzieht. Skandinavien ist durch die Nordsee und Ostsee von Mitteleuropa getrennt. Die Schaffung von leistungsfähigen Verkehrsverbindungen ist daher eine wichtige Aufgabe. Fähren und Brücken verbinden beide Gebiete.

Transit über die Alpen

Die Alpen sind ein verkehrsmäßig gut erschlossenes Hochgebirge. Die vielen Täler begünstigen den Bau von Straßen und Eisenbahnen. Der Brenner ist der am besten ausgebaute Pass über die Alpen. Hier verläuft eine Autobahn von Deutschland nach Italien. Der Gotthard-Straßentunnel ermöglicht eine ganzjährige Straßenverbindung zwischen beiden Ländern.

Rhein-Main-Donau-Schifffahrtsstraße

Mit dem Bau des Main-Donau-Kanals ist eine 3500 km lange Wasserstraße von der Nordsee bis zum Schwarzen Meer geschaffen worden. Der Kanal führt zur Erschließung neuer Wirtschaftsräume in Mittel- und Südosteuropa, wird aber von Umweltschützern kritisiert, weil er zur Zerstörung der Natur beiträgt.

Euro-Tunnel: Im Zug durch die Röhre

Der Kanaltunnel, auch „Eurotunnel" genannt, bindet die Britischen Inseln an das europäische Festland an. Durch ein Tunnelsystem im Meeresboden fahren seit 1994 Reise- und Shuttle-Züge zwischen Großbritannien und Frankreich unter dem „Kanal" hin und her.

Projekt: Wir untersuchen die Verkehrssituation am Schulort

In einem Projekt erarbeiten Schülerinnen und Schüler Informationen zur Verkehrssituation am Schulort und machen Vorschläge zur Verbesserung der Verkehrssicherheit. Sie arbeiten mit verschiedenen Methoden wie Kartierung, Befragung und Verkehrszählung. Die Ergebnisse stellen sie in Form von Karten, Texten, Bildern und Diagrammen dar.

Verkehrswege verbinden Europa

Das Wichtigste kurz gefasst

Grundbegriffe

Pass
Kanal
Wasserstraße
Shuttle-Zug

Der Eiffelturm ist das Wahrzeichen der Stadt Paris.
Er ist über 100 Jahre alt, 320 Meter hoch und 7000 Tonnen schwer. Er steht für das „alte" Paris. Die neu erbauten Bürohochhäuser von La Défense im Hintergrund sind Ausdruck für den Wandel, der sich in der Stadt vollzieht.

Paris – die Hauptstadt von Frankreich

Frankreich –
von der Landwirtschaft
zur Spitzentechnik

Räumlicher Überblick

Urlaub im Nachbarland

Kerstin aus Kiel fährt mit ihrer Mutter in den Sommerferien nach Frankreich. Am ersten Tag fahren sie bis Freiburg. Dort besuchen sie Kerstins Oma. Am nächsten Tag geht es weiter. Auf einem Campingplatz etwa zehn Kilometer südlich von Arcachon an der französischen Atlantikküste haben sie einen Platz vorbestellt. Kerstin badet gerne in den hohen Wellen des Atlantischen Ozeans. Ihre Mutter mag den weiten Sandstrand. Außerdem ist es dort im Sommer nicht so heiß wie am Mittelmeer und nicht so kalt wie an der Nordsee.

Höhepunkt des Urlaubs ist die Besteigung der „Düne von Pilat". Es ist die größte Düne Europas. Sie ist 105 Meter hoch, drei Kilometer lang und 500 Meter breit. Kerstin hat sich einfach von oben runterrollen lassen. „Das ist ein irres Gefühl, 100 Meter durch den Sand nach unten."

Frankreich: Form, Landschaften, Bevölkerung

Frankreich hat etwa die Form eines Sechsecks. Hochgebirge, Mittelgebirge, Küstenlandschaften und Becken sind wichtige Landschaftselemente. Im Durchschnitt leben in Frankreich 106 Menschen auf einem Quadratkilometer (in Deutschland 228). Die tatsächliche Verteilung sieht jedoch ganz anders aus. Im Großraum Paris und den anderen Verdichtungsräumen leben die meisten Menschen. In den übrigen Gebieten ist die Bevölkerungsdichte niedriger. Hier befinden sich die ländlichen Räume. Weit verstreut liegende Dörfer und Bauernhöfe prägen die Landschaft.

M1: Lage von Frankreich

i **Frankreich**

Staatsform: Republik
Lage: Westeuropa
Fläche: 544 000 km²
Einwohner: 57,4 Mio.
Hauptstadt: Paris
　　　　　　(2 Mio. Einw.)
Großraum Paris: 8 Mio. Einw.
Autokennzeichen: (F)

M2: Vulkankegel in Le Puy

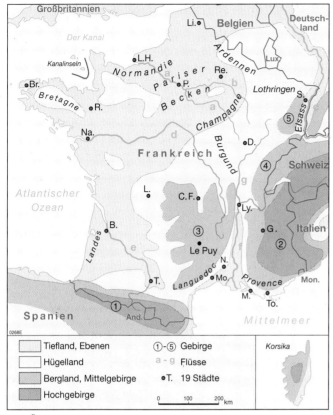

M3: Übungskarte Frankreich

1. Was fällt dir bei den Stichwörtern „Frankreich" und „Franzosen" ein? Schreibe es auf, und male ein Bild dazu.

2. Verfolge die Fahrt von Kerstin und ihrer Mutter von Kiel nach Arcachon *(Atlas, Karte: Westeuropa)*.
a) Nenne drei Flüsse, die sie auf ihrer Fahrt überqueren.
b) Sie besichtigen einen bekannten Vulkankegel *(M2)*. In welchem Mittelgebirge liegt er?

3. Überprüfe die Aussage: „Im Sommer ist es nicht so heiß wie am Mittelmeer und nicht so kalt wie an der Nordsee." *(Atlas, Karte: Europa - Klima, Temperaturen im Juli)*.

4. Löse die Aufgaben der Übungskarte *(Atlas, Karte: Westeuropa)*.

5. Die Düne von Pilat „wandert" in den angrenzenden Wald hinein. Versuche hierfür in dem Schrägluftbild *(M4)* Hinweise zu finden.

M4: Die Düne von Pilat, südlich von Arcachon

53

Paris
Zusammen-treffen der Kulturen

Paris in Zahlen

– Die Stadt Paris ist 105 km² groß. Hier wohnen 2 Millionen Menschen.
– Der Großraum Paris ist 1200 km² groß. Hier wohnen 8 Millionen Menschen.
– Die Pariser Untergrundbahn (Metro) befördert jeden Tag etwa vier Millionen Passagiere.
– In Paris gibt es 100 Museen, 200 Kunstgalerien, 50 Konzertsäle, 1250 Hotels, 12 000 Restaurants, Kneipen.

Der Eiffelturm – Paris in unseren Köpfen

Mindestens 700 Anfragen bekommt die Stadt Paris jedes Jahr von Filmgesellschaften, die in der Stadt einen Film drehen möchten. Das begehrteste Motiv ist der Eiffelturm. Der französische Regisseur Eric Rohmer sagte einmal: „Man braucht vom Eiffelturm nur ein winziges Stück zu zeigen und schon entfaltet sich in der Phantasie der Zuschauer das Bild der **Weltstadt** Paris." Rohmer drehte hier den Film „Vollmondnächte". In einer Szene des Films schwärmt der Hauptdarsteller: „Ich habe einmal Unterricht in Orléans gegeben. Ich hätte dort ohne Schwierigkeiten ein Zimmer finden können. Aber ich leistete mir lieber eine Zugstunde jeden Morgen und Abend und fuhr nach Paris zurück. Dort gab es allein in der Straße, in der ich wohnte, die Kinos, die Restaurants und die Begegnung mit außergewöhnlichen Menschen. Tausende von Möglichkeiten, ich brauchte nur hinunterzugehen!"

Paris ist das wirtschaftliche und kulturelle Zentrum des Landes. Viele Straßen und Eisenbahnlinien laufen sternförmig auf die Stadt zu. In Paris gibt es ein überwältigendes Warenangebot. Kaufhäuser, Luxusläden, Boutiquen, Märkte für Lebensmittel, Blumen, Haustiere und Antiquitäten bieten Passendes für jeden Geschmack. Paris besuchen jährlich etwa 20 Millionen Touristen. Sehenswürdigkeiten sind unter anderem Eiffelturm, Triumphbogen und Notre Dame. Besonders auffallend in Paris ist die Vielfalt der Bevölkerung. Die Stadt ist ein Schmelztiegel der Kulturen. In manchen Stadtvierteln leben viele Afrikaner und Schwarze aus der Karibik. Diese Menschen stammen aus Ländern, die zum früheren französischen **Kolonialreich** gehörten.

M1: Paris im Senkrechtluftbild

● *Sehenswürdigkeit*

M2: Der Triumphbogen

M3: Bedeutung von Paris (Lese-hinweis: von jeweils 100 Personen einer Gruppe stammen aus Paris ...)

Diagramm-Beschriftung:
- Fläche
- Einwohner
- Beschäftigte
- Studenten
- Ausländer
- Ingenieure
- Künstler
- Wissenschaftler
- Journalisten
- Bankkaufleute
- Beschäftigte in der Werbung

Skala: 0 10 20 30 40 50 60 70 80 90 100

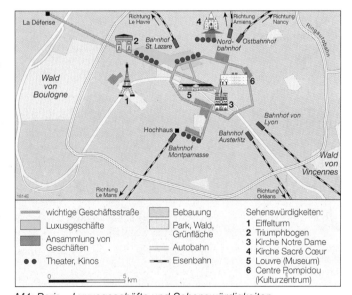

M4: Paris – Luxusgeschäfte und Sehenswürdigkeiten

Legende:
- wichtige Geschäftsstraße
- Luxusgeschäfte
- Ansammlung von Geschäften
- Theater, Kinos
- Bebauung
- Park, Wald, Grünfläche
- Autobahn
- Eisenbahn

Sehenswürdigkeiten:
1 Eiffelturm
2 Triumphbogen
3 Kirche Notre Dame
4 Kirche Sacré Cœur
5 Louvre (Museum)
6 Centre Pompidou (Kulturzentrum)

1. „Ein winziges Stück vom Eiffelturm lässt in der Phantasie der Zuschauer die Weltstadt Paris lebendig werden." Was meint der Regisseur mit diesem Ausspruch?

2. a) Wie viele Kilometer ist Orléans von Paris entfernt *(Atlas, Karte: Westeuropa – physisch)*?
b) In welchem Bahnhof in Paris fahren die Züge nach Orléans ab *(M4)*?
c) Wie beurteilst du, dass jemand in Orléans arbeitet und die weite Fahrt nach Paris in Kauf nimmt?

3. a) Lege Transparentpapier auf *M1* und trage den Triumphbogen und die zwölf von ihm ausgehen-den Straßen ein. Diesen Platz nennt man auch „Sternenplatz". Begründe in einem Satz.
b) Markiere die Standorte der Luxusgeschäfte und drei Sehens-würdigkeiten mit farbigen Stiften. Beschrifte die Sehenswürdigkei-ten.

4. Die Abbildung auf *Seite 50/51* ist von einem Hochhaus in der Nähe eines Bahnhofs fotografiert. Wie heißt der Bahnhof *(M4)*?

55

Erlebnispark der Superlative

—

Märchenshow im Marne-land

Am 11. April 1992 wurde am östlichen Rand von Marne-la-Vallée Euro-Disneyland eröffnet. Hier entstanden 30 000 Arbeitsplätze. Man erwartet jährlich elf Millionen Besucher. Doch bislang hat sich diese Planung nicht erfüllt. Die Europäer verbringen ihre Freizeit anders als die Amerikaner, nach deren Vorstellungen Euro-Disney entstand.

Paris – „Neue Städte" im Umland

Seit 1945 sind viele Menschen nach Paris gezogen. Hier gab es Arbeitsplätze. Hier wurden die höchsten Löhne gezahlt. Neue Fabriken entstanden. Wohnhochhäuser und Bürogebäude wurden gebaut. Im **Umland** der Stadt bildete sich ein Durcheinander von Wohngebieten, Fabriken und Lagerhallen.

In den Wohngebieten fehlten oft Geschäfte, Supermärkte, Schulen und Krankenhäuser. Sie waren nicht eingeplant. Viele Neubaugebiete waren schlecht mit Bussen und Bahnen zu erreichen. Weite Entfernungen zur Innenstadt führten zu Verkehrsproblemen und Zeitverlusten der Arbeitnehmer. So haben sich Stadtplaner bereits 1960 entschlossen im Umland von Paris fünf so genannte „Neue Städte" zu bauen.

Diese Städte sollten nicht nur Schlafstädte sein, das heißt Orte, die die Menschen morgens verlassen um in Paris zu arbeiten und in die sie abends erst zurückkehren. Deshalb wurden Arbeitsplätze, Supermärkte, Schulen und Universitäten in den „Neuen Städten" eingerichtet. Auch sollten die starken Pendlerströme in die Innenstadt von Paris verringert werden.

Die Wohngebiete in den „Neuen Städten" liegen weit auseinander. Sie sind eingebettet in große Grünanlagen. Schnellstraßen stellen die Verbindung zum Stadtzentrum sowie zu den Arbeitsstätten her. In den Zentren der „Neuen Städte" sind um einen riesigen Supermarkt Theater, Kino und Ausstellungsflächen angeordnet.

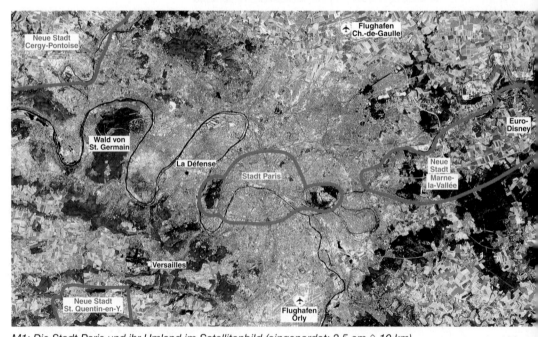

M1: Die Stadt Paris und ihr Umland im Satellitenbild (eingenordet; 2,5 cm ≙ 10 km)

M2: Marne-la-Vallée, Stadtzentrum im Überblick

M3: Marne-la-Vallée, Fußgängerzone

1. Das Umland von Paris hat sich verändert. Erläutere.

2. Was ist das Neue an den „Neuen Städten"?

3. Das Satellitenbild *(M1)* zeigt bebaute Flächen (rot), Wald (dunkelgrün), Wiesen und Felder (gelb, hellgrün). Vergleiche die Stadt Paris und die Neue Stadt Marne-la-Vallée hinsichtlich der Bebauung.

4. Wie unterscheidet sich Marne-la-Vallée von dem Ort, in dem du wohnst? Vergleiche Gebäude, Bewohner, Schule, Geschäfte usw.

5. Überlege: Welche Bedeutung hat Euro-Disney für Marne-la-Vallée?

6. Ein Kritiker über Marne-la-Vallée: „Hier ist viel zu viel Beton. Alles ist edel und trotzdem irgendwie trostlos." Betrachte *M3* und überlege, ob die Kritik auf dieses Bild zutrifft.

Die französische Landwirtschaft

Weinbau in Frankreich

Aus Frankreich kommen die berühmtesten Weine der Erde. Die Anbaubedingungen sind günstig. Im Norden und an der Küste des Atlantischen Ozeans herrschen im Juli Durchschnittstemperaturen von 18 °C. Sie reichen aus um die Trauben reif werden zu lassen. Auch ist es nicht zu heiß, denn zu hohe Temperaturen ergeben nur eine mittelmäßige Weinqualität. Die besten Weine stammen aus den kühleren Gegenden um Bordeaux, aus Burgund und dem Elsass.

Kennzeichen ist die Vielfalt

Frankreich ist der größte Produzent landwirtschaftlicher Erzeugnisse in Westeuropa. Über die Hälfte des Landes wird landwirtschaftlich genutzt. Kennzeichen des Landes ist die Vielfalt der landwirtschaftlichen Erzeugnisse.

In den Küstengebieten am Mittelmeer ist es im Sommer sehr heiß und es regnet kaum. Hier werden Wein, Obst und Gemüse angebaut. Hier wachsen auch sehr anspruchsvolle Früchte wie Apfelsinen, Zitronen und Feigen. Sie brauchen viel Wärme und sind gegen Frost empfindlich.

In der Normandie und der Bretagne im Norden des Landes herrscht Seeklima. Der **Golfstrom** *(siehe auch S. 68)* sorgt an der Küste im Winter zusätzlich für milde Temperaturen. Noch im Januar werden hier Artischocken und Blumenkohl im Freien geerntet. Die Westwinde bringen feuchte Luftmassen. Im Landesinneren regnen sie sich ab. Hier überwiegen Wiesen und Weiden. Sie dienen der Viehwirtschaft mit Rinderhaltung und Milchwirtschaft. Sie ist die Grundlage für die Käseherstellung. Berühmt sind der Camembert- und Brie-Käse.

Das Pariser Becken ist die Kornkammer Frankreichs. Hier sind die Niederschläge geringer als an der Küste. Der Boden ist sehr fruchtbar. Auf großen Feldern werden vor allem Weizen und Mais angebaut.

In den Berggebieten überwiegt die Weidewirtschaft. Hier ist die Vegetationszeit so kurz, dass Getreide nicht reif wird.

M1: Weinanbau

M2: Weizenanbau

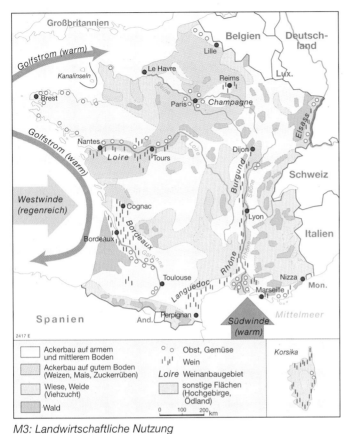

M3: Landwirtschaftliche Nutzung

Kartenlegende:

Ackerbau auf armem und mittlerem Boden

Ackerbau auf gutem Boden (Weizen, Mais, Zuckerrüben)

Wiese, Weide (Viehzucht)

Wald

○ ○ Obst, Gemüse

ı'ıı' Wein

Loire Weinanbaugebiet

sonstige Flächen (Hochgebirge, Ödland)

0   100   200 km

Korsika

2417 E

Beschriftungen in der Karte:

Großbritannien, Belgien, Deutschland, Lux., Elsass, Schweiz, Italien, Mon., Spanien, And., Mittelmeer

Golfstrom (warm), Golfstrom (warm), Westwinde (regenreich), Südwinde (warm)

Kanalinseln, Brest, Le Havre, Lille, Reims, Paris, Champagne, Nantes, Loire, Tours, Dijon, Burgund, Cognac, Bordeaux, Lyon, Rhône, Toulouse, Languedoc, Marseille, Nizza, Perpignan, Garonne, Saône, Seine

1. Suche zu *M1, M2, M4* und *M5* jeweils ein Anbaugebiet in *M3* mit der entsprechenden Nutzung. Lege eine Tabelle an:

Weinanbau   Loire
Weizenanbau   ...
...   ...

2. Wie unterscheiden sich die Voraussetzungen für die Landwirtschaft in der Bretagne und im Pariser Becken? Welche Unterschiede in der Nutzung stellst du fest?

3. Nenne drei Weinanbaugebiete Frankreichs *(M3)*. Welche natürlichen Bedingungen begünstigen dort den Weinanbau.

M4: Gemüseanbau

M5: Weidewirtschaft im Hochgebirge

Hightech am Mittelmeer

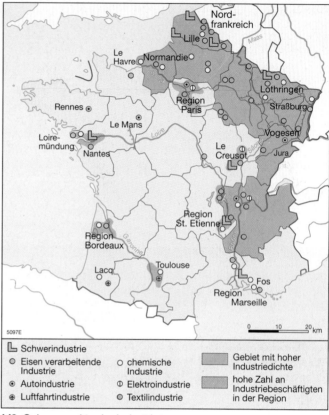

M2: Schwerpunkte der Industrie

⌐ Schwerindustrie			Gebiet mit hoher Industriedichte
⊙ Eisen verarbeitende Industrie	○ chemische Industrie		
⊛ Autoindustrie	⊕ Elektroindustrie		hohe Zahl an Industriebeschäftigten in der Region
⊕ Luftfahrtindustrie	⊚ Textilindustrie		

Die Bedeutung der Industrie

Frankreich gehört heute zu den wichtigsten Industrienationen der Erde. Das war nicht immer so. Vor 50 Jahren war das Land noch stark landwirtschaftlich geprägt. Inzwischen hält Frankreich Spitzenpositionen in der modernen Hochtechnologie. Das Überschallflugzeug Concorde und der Hochgeschwindigkeitszug TGV wurden in Frankreich entwickelt. Die französische Atomindustrie ist weltweit führend.

Der französische Staat hat diese Entwicklung unterstützt. Die Einrichtung von modernen **Technologieparks** in landschaftlich schönen Gebieten lockt Spitzenkräfte der Wissenschaft aus der ganzen Welt nach Frankreich.

Einer dieser modernen Technologieparks ist „Sophia Antipolis". Er liegt im Hinterland der Mittelmeerküste zwischen Nizza und Cannes. Hier arbeiten etwa 6000 Menschen in Forschungszentren, Ausbildungsstätten und zukunftsorientierten Industriebetrieben. Der französische Staat zahlt Prämien für die Schaffung neuer Arbeitsplätze und gewährt Nachlässe auf die Gewerbesteuer. Der Strand von Nizza und die Skigebiete in den französischen Alpen liegen nur wenige Kilometer entfernt.

M1: Hochgeschwindigkeitszüge

60

Ausblickthema: Raummodell Frankreich

Wissenschaftler haben die räumliche Entwicklung in Frankreich untersucht. Die Ergebnisse haben sie in Modellen dargestellt. Sie verwenden einfache Formen wie Kreise und Rechtecke und anschauliche Vergleiche wie Gürtel, Band, Banane. Das kann man sich leicht merken.

Innerhalb Frankreichs ist Paris das größte Wirtschaftszentrum. Es ist ein modernes Wachstumsgebiet, ein **Aktivraum**. Ein weiteres Wachstumsgebiet erstreckt sich im Südosten, etwa von Straßburg bis Toulouse. Die Standorte moderner Industrien im übrigen Frankreich sind etwa halbkreisförmig am Rand des Landes angeordnet. Zu ihnen zählen Elektrotechnik, Informatik sowie Luft- und Raumfahrzeugbau. Die Wissenschaftler haben sie zu einem Gürtel der „Hightech"-Regionen zusammengefasst.

Im Nordosten Frankreichs sind vor allem alte Industrien wie Steinkohlenbergbau, Eisen- und Stahlerzeugung sowie Textilindustrie angesiedelt. Sie wurden im Modell zu einem Band vereinigt. Diese Industrien beschäftigen immer weniger Menschen. Es gibt viele Arbeitslose. Die Menschen wandern ab. Der Nordosten Frankreichs ist ein **Passivraum**. Die Teilmodelle haben die Wissenschaftler zu einem Raummodell Frankreich zusammengefügt.

Frankreich liegt am Rand eines großen europäischen Wirtschaftsraumes, der sich von London bis Rom erstreckt. Hier liegen die wichtigsten Industriegebiete und wohnen knapp die Hälfte der Bevölkerung Europas. Er hat die Form einer Banane.

1. a) Welche Industrien gibt es in: Lille, Paris, Bordeaux, Nantes *(M2)*.
b) Welche Städte liegen in einem modernen Wachstumsgebiet *(M4)*?
c) Warum liegen die modernen Wissenschaftsparks in landschaftlich reizvollen Gebieten?

2. Erläutere die sechs Farben bzw. Signaturen im Raummodell Frankreich *(M4)*.

3. Nenne Vorteile und Nachteile eines Modells.

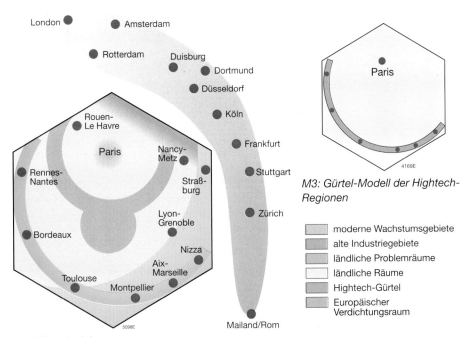

M3: Gürtel-Modell der Hightech-Regionen

	moderne Wachstumsgebiete
	alte Industriegebiete
	ländliche Problemräume
	ländliche Räume
	Hightech-Gürtel
	Europäischer Verdichtungsraum

M4: Raummodell Frankreich

61

Die Entwicklung von Paris

Paris - früher und heute

M2: Blick von der Seine-Insel zur Zeit der Gallier (86 v.Chr.), ...

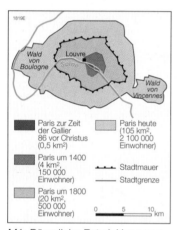

Paris zur Zeit der Gallier 86 vor Christus (0,5 km²)

Paris um 1400 (4 km², 150 000 Einwohner)

Paris um 1800 (20 km², 500 000 Einwohner)

Paris heute (105 km², 2 100 000 Einwohner)

Stadtmauer

Stadtgrenze

Wald von Boulogne

Louvre
Seine

Wald von Vincennes

1819E

0   5   10 km

M1: Räumliche Entwicklung von Paris

M3: ... um 1400 ...

1. Beschreibe die räumliche Entwicklung von Paris mithilfe der Karte (M1) und der Bilder (M2–4).

M4: ... und heute

Räumlicher Überblick

Frankreich ist ein Staat in Westeuropa. Er hat etwa die Form eines Sechsecks. Die Hauptstadt ist Paris. Frankreich und Deutschland sind Nachbarstaaten. Kennzeichnend ist die landschaftliche Vielfalt.
Die Bevölkerung verteilt sich sehr ungleichmäßig über das Staatsgebiet. Im Großraum Paris lebt rund ein Siebentel der französischen Bevölkerung. Hier ist die Bevölkerungsdichte sehr hoch. Dünn besiedelt sind hingegen die ländlichen Räume, wie zum Beispiel die Bretagne und die Gascogne sowie die Mittelmeerinsel Korsika.
Im Unterschied zu Deutschland wird Frankreich zentral verwaltet.

Paris - Zusammentreffen der Kulturen

Paris ist das wirtschaftliche und kulturelle Zentrum des Landes. Hier leben besonders viele Franzosen, die aus den ehemaligen französischen Kolonien in Nord- und Zentralafrika, der Karibik und Südostasien stammen. In Paris vermischen sich ihre Kulturen, so erhält die Stadt ihr unverwechselbares Gepräge.
Viele Straßen und Eisenbahnlinien laufen sternförmig auf die Stadt zu. Etwa 20 Millionen Touristen besuchen sie jedes Jahr. Im Umland von Paris wurden fünf „Neue Städte" gebaut. Sie sollen die starken Pendlerströme in die Innenstadt von Paris verringern.

Die französische Landwirtschaft

Frankreich ist der größte Produzent landwirtschaftlicher Erzeugnisse in Westeuropa. Über die Hälfte des Landes wird landwirtschaftlich genutzt. Nach Italien ist Frankreich der zweitgrößte Weinhersteller der Welt. Kennzeichen des Landes ist die Vielfalt der landwirtschaftlichen Erzeugnisse.

Hightech am Mittelmeer

Frankreich gehört heute zu den wichtigsten Industrienationen der Erde. Das Überschallflugzeug Concorde und der Hochgeschwindigkeitszug TGV wurden in Frankreich entwickelt. Die französische Atomindustrie ist weltweit führend. Der französische Staat hat diese Entwicklung unterstützt. Die Einrichtung von modernen Technologieparks in landschaftlich schönen Gebieten lockt Spitzenkräfte der Wissenschaft aus der ganzen Welt nach Frankreich.
Innerhalb Frankreichs ist Paris das größte Wirtschaftszentrum. Es ist ein modernes Wachstumsgebiet, ein Aktivraum. Der Nordosten Frankreichs ist ein Passivraum.

Frankreich – von der Landwirtschaft zur Spitzentechnik

Das Wichtigste kurz gefasst

Grundbegriffe

Weltstadt
Kolonialreich
Umland
Golfstrom
Aktivraum
Technologiepark
Passivraum

London – Trafalgar Square mit der Nelson-Säule

England –
die Wiege der modernen
Industriekultur

Räumlicher Überblick

M1: Die Lage des Vereinigten Königreiches von Großbritannien und Nordirland

Die Trennung Irlands von Großbritannien

Irland wurde 1171/72 vom englischen König Heinrich II. erobert. Mit der Machtübernahme der Engländer begann ein jahrhundertelanger, blutiger Befreiungskrieg der Iren. Während es der protestantischen englischen Oberschicht gut ging, lebte die katholische irische Bevölkerung in Hunger und Elend.

Im Januar 1919 erklärte das irische Nationalparlament die Unabhängigkeit Irlands. In einem Friedensvertrag wurde 1922 der überwiegend protestantische Norden der Insel an Großbritannien abgetreten. In Nordirland wirkt der Konflikt zwischen Protestanten und Katholiken bis heute nach.

Inselstaat Großbritannien

Großbritannien ist ein Inselstaat. Der am nächsten zum europäischen Festland gelegene Punkt Großbritanniens befindet sich südwestlich von London bei Folkestone. Von hier aus sind es 38 km bis zu dem Ort Calais in Frankreich.

Die britische Hauptstadt mit ihren knapp 7 Mio. Einwohnern liegt im Landesteil England, der mit rund 130 000 km^2 und 48 Mio. Einwohnern der bei weitem größte ist.

Neben den Hauptinseln Großbritannien und Irland gibt es noch etwa 900 weitere Inseln und Inselgruppen. Viele Buchten und Flussmündungen reichen weit ins Land hinein. Den nördlichen Teil der Hauptinsel Großbritannien nimmt Schottland (rund 5 Mio. Ew.) ein. Jedes Jahr wird im Sommer in den Zeitungen ausführlich über das „Ungeheuer von Loch Ness" berichtet, das einzelne Augenzeugen gesehen haben wollen. Loch Ness ist einer der zahlreichen Seen in Schottland. Typisch schottisch ist auch der Dudelsack. Es ist ein altertümliches Instrument. Sein Klang prägt die schottische Volksmusik.

Ein weiterer Landesteil Großbritanniens ist Wales. Die knapp 3 Mio. Waliser sprechen eine eigene Sprache, das Walisische. Nordirland ist seit 1922 Teil Großbritanniens. Es wurde von dem seit 1919 unabhängigen Irland abgetrennt. Heute leben hier 1,6 Mio. Nordiren.

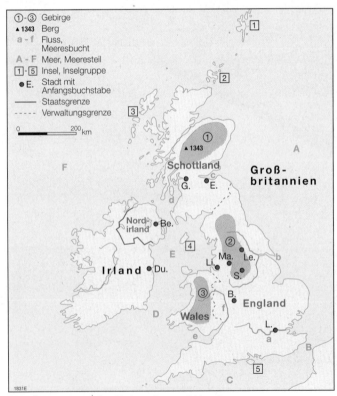

M2: Übungskarte Großbritannien und Irland

Großbritannien

England, Wales, Schottland, Irland, Großbritannien, Britische Inseln, Vereinigtes Königreich: Es ist gar nicht so einfach, die verschiedenen Namen auseinander zu halten.

Die folgenden Stichwörter und Erläuterungen sollen dir helfen dich besser zurechtzufinden.

– *Die Britischen Inseln* sind eine Inselgruppe. Sie besteht aus den Inseln Großbritannien und Irland sowie aus etwa 900 kleineren Inseln und Inselgruppen.

– *Das Vereinigte Königreich von Großbritannien und Nordirland* (engl. Abk.: U.K. – United Kingdom) ist ein Staat. Er besteht aus den Teilstaaten England, Schottland, Wales und Nordirland. Die Kanalinseln und die Insel Man gehören nicht zu einem dieser Teilstaaten, sie sind direkt mit der britischen Krone verbunden.

– *Großbritannien* ist – genau genommen – die Hauptinsel der Britischen Inseln. Sie besteht aus den Landesteilen England, Wales und Schottland. In der Umgangssprache wird der Begriff aber auch als Kurzform für das Vereinigte Königreich von Großbritannien benutzt.

M3: Loch Ness im Schottischen Hochland

1. Löse die Übungskarte *(Atlas, Karte: Westeuropa – physisch)*.

2. Zeichne eine grobe Kartenskizze mit den beiden Inseln Großbritannien und Irland in dein Heft.
a) Male das Vereinigte Königreich mit den vier Teilgebieten England, Wales, Schottland und Nordirland in verschiedenen Farben an.
b) Trage Lage und Namen der Städte London, Cardiff, Glasgow und Belfast ein.
c) Unterstreiche den Namen London.

3. Großbritannien – genau genommen und in der Umgangssprache: Erläutere die Unterschiede (i-Text).

4. Beantworte die Frage an Nessie (Zwei Begriffe sind richtig!).

Natürliche Grundlagen

M1: Die englische Südküste bei Exeter

Im Winter mild, im Sommer kühl

1. a) Vergleiche die Niederschläge in den Klimadiagrammen von Galway und Kingston-upon-Hull (Jahresniederschläge, Monatsniederschläge).
b) Versuche für die Unterschiede eine Erklärung zu finden (*Text* und *M3*).

2. a) Fertige eine Kartenskizze der englischen Südküste mit den Städten Plymouth und Brighton an (*Atlas, Karte: Westeuropa – physisch*).
b) Unterteile die Küste nach den Temperaturen im Januar in zwei Abschnitte (*Atlas, Karte: Europa – Klima, Temperaturen im Januar*).
c) Versuche eine Begründung dafür zu geben, dass der eine Abschnitt wärmer ist als der andere.

Auf den Britischen Inseln wehen die Winde vorwiegend aus Westen. An den Westseiten von Irland und Großbritannien müssen die Luftmassen aufsteigen. Sie kühlen sich ab und es kommt zu Niederschlägen.

Kein Ort ist weiter als 120 Kilometer vom Meer entfernt. So können sich die Meereseinflüsse bis ins Innere auswirken. Kennzeichen dieses ozeanisch geprägten Seeklimas sind milde Winter und kühle Sommer. Das Meerwasser speichert die Wärme des Sommers. Daher kühlt sich im Winter das Meer langsamer ab als das Land. So sind die im Winter vom Meer her wehenden Winde nicht sehr kalt. An der englischen Südküste sorgt der Golfstrom für besonders milde Temperaturen.

Der Golfstrom ist eine Meeresströmung, die warmes Meerwasser aus dem Golf von Mexiko nach Europa transportiert (*Atlas*). Bis an die Küste Norwegens sorgt der Golfstrom dafür, dass die Häfen stets eisfrei blieben. Im äußersten Südwesten wachsen sogar Pflanzen, die sonst am Mittelmeer zu Hause sind, wie zum Beispiel Palmen.

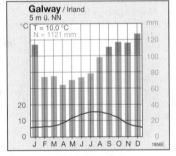

M2: Klimadiagramm Galwy

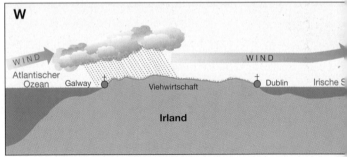

M3: Querschnitt durch die Britischen Inseln

M4: Herrenhaus westlich von London

M5: High- und Lowlands

Die Landschaften Großbritanniens

Großbritannien gliedert sich in zwei unterschiedliche Landschaften. Im Norden, in der Mitte und im Westen liegen Gebirgslandschaften, die **Highlands**. Es sind Mittelgebirge mit Weiden, Heiden, Mooren und tiefen Seen. Zunehmend besuchen Touristen diese abgelegenen und einsamen Gegenden. Sie kommen wegen der Schönheit der Landschaft. Der höchste Berg ist der Ben Nevis. Mit 1343 m ist er niedriger als beispielsweise der Feldberg im Schwarzwald.

Die **Lowlands** bestehen aus Hügelländern und Tiefländern bis 200 m Höhe. Sie werden überwiegend als Grünland und Ackerland genutzt. Im Süden überwiegt Grünland. Man spricht auch vom „grünen England". Die Wiesen, Weiden und Ackerflächen sind durch Hecken oder Baumreihen begrenzt. Einzelne, große Bäume geben der Landschaft ein parkartiges Aussehen. Weiter im Osten wird vor allem Getreide angebaut. Man nennt diesen Teil auch das „gelbe England" *(M3)*.

3. Schreibe einen kurzen Bericht über die Highlands und Lowlands mit Aussagen über die Lage (z.B. im Westen), die Höhenlage, die Oberflächenformen und die Nutzung.

4. Erläutere mithilfe von *M3* den Zusammenhang von den natürlichen Bedingungen auf den Britischen Inseln und der Art der landwirtschaftlichen Nutzung.

5. Welche der im Text genannten Kennzeichen der Lowlands sind auf *M4* zu erkennen?

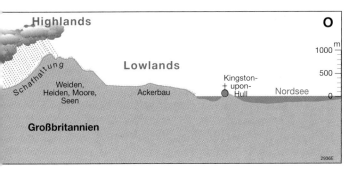

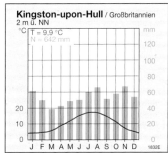

M6: Klimadiagramm Kingston

69

Die industrielle Entwicklung

Beginn der Industrialisierung: die Textilindustrie

Großbritannien war das erste Industrieland der Erde. Die **Textilindustrie** und die Verarbeitung von Eisen und Stahl bildeten die Grundlagen. Seit mehr als 600 Jahren werden an den Hängen der Pennines Schafe gehalten. Die Wolle der Tiere wurde jahrhundertelang in mühsamer Heimarbeit mit Spinnrädern zu Fäden verarbeitet. Aus den Fäden stellte man Stoffe und Kleidungsstücke her.

Im Jahre 1764 machte James Hargreaves eine bahnbrechende Erfindung. Er baute eine Maschine, die ohne menschliche Arbeitskraft Wolle zu Fäden verspinnt: die Spinning Jenny. Sie ist die Wurzel der vor mehr als 200 Jahren beginnenden Industrialisierung. Die Erfindungen der Dampfmaschine und des mechanischen Webstuhls ermöglichten die Herstellung großer Mengen von Stoffen in kurzer Zeit. Nun war der Schritt von der Heimarbeit zur industriellen Fertigung vollzogen. Bald schon reichten die einheimischen Rohstoffe nicht mehr aus. Im 19. Jahrhundert wurden Baumwolle aus Ägypten und Amerika sowie Schafwolle aus Neuseeland, Australien und Südafrika eingeführt.

Die Entwicklung der Schwerindustrie

Neben der Textilindustrie machte die **Schwerindustrie** Großbritannien zum führenden Industrieland der Erde.

Durch die Erfindung des Hochofens und die Verwendung von Koks konnte man billig Eisenerz schmelzen und große Mengen von Eisen gewinnen. Am Rand der Pennines entstand Ende des 19. Jahrhunderts mit über 180 Hochöfen und 400 Steinkohlegruben das damals größte Industriegebiet der Welt. Wegen der Kohle und der trostlosen Umgebung nannte man es „Black Country".

Viele Arbeitskräfte wurden gebraucht. Auch Kinderarbeit war üblich. 1890 arbeiteten zehnjährige Kinder neun Stunden lang unter Tage. Das Elend war groß. Es war nichts Ungewöhnliches, dass ein Ehepaar mit fünf Kindern in einem einzigen Zimmer von zwölf Quadratmetern leben musste.

Schwerindustrie

Betriebe der Eisen- und Stahlherstellung sowie des Eisenerz- und Steinkohlebergbaus fasst man unter der Bezeichnung Schwerindustrie zusammen. Gebiete der Schwerindustrie sind gekennzeichnet durch Zechen, Hochöfen, Gießereien, Stahl- und Walzwerke, Kohlehalden, Erzhalden, Verkehrseinrichtungen und große Arbeitersiedlungen.

M1: Textilindustrie bei Leeds

M2: Das „Black Country"

M3: Schwerindustrie bei Leicester

1. Beschreibe die Entwicklung der Industrie in Großbritannien. Benutze die Begriffe: Heimarbeit, industrielle Fertigung, Textilindustrie, Schwerindustrie, Arbeitersiedlungen.

2. Lies den Text „Das Black Country".
a) Schreibe alle unbekannten Wörter heraus und schlage ihre Bedeutung nach *(Lexikon)*.
b) Schreibe aus dem Text Wörter heraus, die das „Black Country" kennzeichnen, und erzähle mit eigenen Worten nach.

3. Was versteht man unter dem „Black Country"?

71

Das Land in der Krise

Noch immer exportiert Großbritannien Autos, Motoren, Lokomotiven, Flugzeuge, Werkzeug- und Spezialmaschinen, Schiffe, Arzneimittel, Textilien, Lebensmittel u.a. in alle Welt. Doch seine führende wirtschaftliche Stellung hat das Land verloren. Der Niedergang setzte zu Beginn des 20. Jahrhunderts ein. Deutschland, Frankreich und andere Länder entwickelten ihre Industrien und wurden zu Konkurrenten auf dem Weltmarkt.

Auf dem Weltmarkt ohne Chance: die britische Textil- und Schwerindustrie

Die britische Textilindustrie konnte vor allem nicht mit der Konkurrenz aus Südostasien mithalten. Britische Maschinen waren veraltet, man brauchte zu viele Arbeitskräfte. Die Produktionskosten waren zu hoch. Textilien aus Südostasien konnten billiger angeboten werden. Dort arbeitete man mit modernen Maschinen und zahlte niedrige Löhne. Gegen diese „Billiglohnländer" waren die britischen Betriebe nicht konkurrenzfähig.

Die Schwerindustrie geriet ebenfalls in eine Krise. Auch hier waren viele Fabriken veraltet. Sie brauchten zu viele Rohstoffe, Energie und Arbeitskräfte für die Produktion, das heißt sie arbeiteten unrentabel. Viele Fabrikbesitzer hatten versäumt sich rechtzeitig umzustellen. Einige andere Länder wie Süd-Korea haben zudem niedrigere Lohnkosten und weniger strenge Umweltgesetze. Sie bieten Stahl besonders preiswert an. Von der Krise waren vor allem die alten Industriegebiete *(S. 71 M2)* betroffen. Hier mussten Fabriken schließen. Viele Menschen wurden arbeitslos. Armut und Elend breiteten sich aus.

1. Beschreibe den Strukturwandel der britischen Industrie am Beispiel der Textilindustrie und der chemischen Industrie *(Text, M1)*.

2. Nenne Ursachen für den Niedergang der Schwerindustrie.

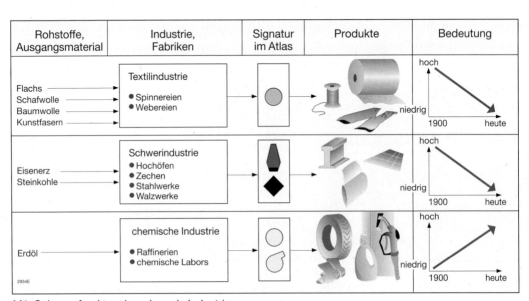

Rohstoffe, Ausgangsmaterial	Industrie, Fabriken	Signatur im Atlas	Produkte	Bedeutung
Flachs Schafwolle Baumwolle Kunstfasern	Textilindustrie • Spinnereien • Webereien			hoch → niedrig (1900 → heute)
Eisenerz Steinkohle	Schwerindustrie • Hochöfen • Zechen • Stahlwerke • Walzwerke			hoch → niedrig (1900 → heute)
Erdöl	chemische Industrie • Raffinerien • chemische Labors			hoch → niedrig (1900 → heute)

M1: Schrumpfende und wachsende Industrien

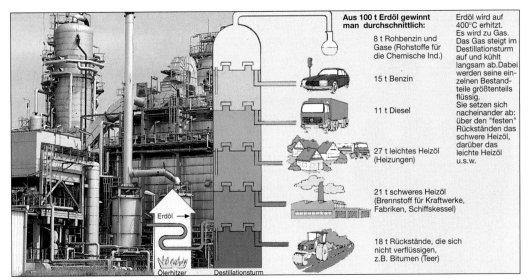

Aus 100 t Erdöl gewinnt man durchschnittlich:

8 t Rohbenzin und Gase (Rohstoffe für die Chemische Ind.)

15 t Benzin

11 t Diesel

27 t leichtes Heizöl (Heizungen)

21 t schweres Heizöl (Brennstoff für Kraftwerke, Fabriken, Schiffskessel)

18 t Rückstände, die sich nicht verflüssigen, z.B. Bitumen (Teer)

Erdöl wird auf 400°C erhitzt. Es wird zu Gas. Das Gas steigt im Destillationsturm auf und kühlt langsam ab. Dabei werden seine einzelnen Bestandteile größtenteils flüssig. Sie setzen sich nacheinander ab: über den "festen" Rückständen das schwere Heizöl, darüber das leichte Heizöl u.s.w.

Erdöl →

Ölerhitzer   Destillationsturm

M2: So funktioniert eine Erdölraffinerie

Ein neuer Aufschwung?

In dieser Krisensituation gewährt die britische Regierung seit 1984 Zuschüsse um alte Fabriken zu modernisieren und neue Industrien anzusiedeln, die gute Zukunftsaussichten haben. Dazu zählen vor allem die so genannten **Zukunftstechnologien** wie Raumfahrt, Elektro- und Computertechnik, Flugzeug- und Fahrzeugbau.

Eine besondere Bedeutung für den wirtschaftlichen **Strukturwandel** in Großbritannien haben die Erdöl- und Erdgasfunde in der Nordsee. Sie bedeuten Sicherheit für die Energieversorgung des Landes, sind aber auch die Grundlage für den Ausbau der **Raffinerien** und der chemischen Industrie *(M2)*. An der schottischen Ostküste haben sie einen regelrechten Wirtschaftsboom ausgelöst. Tausende neuer Arbeitsplätze wurden geschaffen. Die Stadt Aberdeen entwickelte sich zur „Oil-Capital" (Hauptstadt des Öls) und die Teesside-Region wurde zu einem Zentrum der Petrolchemie. Dank der Ansiedlung einer Siemens-Chipfabrik entwickelt sich das ostenglische Newcastle zum Zentrum der Hightech-Industrie.

Strukturwandel

Die Industrie eines Landes durchläuft einen Strukturwandel, wenn einzelne bisher wichtige Industrien (z.B. Textilindustrie, Schwerindustrie) an Bedeutung verlieren und gleichzeitig andere Industrien (z.B. chemische Industrie) und Wirtschaftsbereiche (z.B. Dienstleistungsbereich) an Bedeutung gewinnen.

3. Nenne drei Städte in Großbritannien, in denen die Industrien „Chemie, Kunststoffe" vorhanden sind *(Atlas, Karte: Europa – Bergbau / Industrie / Energie)*.

4. a) Welche Bedeutung haben die Erdöl- und Erdgasfunde in der Nordsee für Großbritannien *(Text)*?
b) Welche Bestandteile des Erdöls sind für die chemische Industrie von besonderer Bedeutung *(M2)*?

London

M1: In Madame Tussauds Wachsfiguren-Kabinett gibt es über 500 prominente Figuren

Guten Tag, ich heiße Adriane und werde euch die Weltstadt London vorstellen. Auf dem Bild seht ihr mich in Madame Tussauds Wachsfigurenkabinett. Charley Chaplin ist einer der über 500 lebensgroßen, prominenten Figuren. Aber nun zu den anderen 20 wichtigen Sehenswürdigkeiten Londons:

Sechs davon beginnen mit einem P (St. Paul's Cathedral, Parliament, Piccadilly Circus, Postturm, Petticoat Lane, Portobello Road), vier mit T (Themse, Tower, Trafalgar Square, Tate Gallery), vier mit B (Buckingham Palace, Britisches Museum, Börse, Bank von England), drei mit S (Soho, Strand, Speaker's Corner im Hyde Park), zwei mit C (Chelsea und Covent Garden) und eine mit N (National Gallery).

London ist auch die Stadt der Musicals: Cats, Starlight Express, Phantom of the Opera. Beim Shopping kommt jeder auf seine Kosten. Der verrückteste Geschenkeladen, den ich kenne, ist Schram & Scheddle, 262 Upper Street, U-Bahnstation: Highbury-Islington. Da gibt es zum Beispiel Aschenbecher, die husten, wenn man die Zigarette ausdrückt, und irre Seifen.

Stadtrundfahrt

Die beste Stadtrundfahrt bietet der Culture Bus. Er fährt 20 Museen, Parks, Pubs usw. an; man kann ein- und aussteigen, wo man will, z.B. an der National Gallery am Trafalgar Square. Eine Karte für den ganzen Tag kostet etwa 12,00 DM

Infos:

In London:
British Travel Centre, 12 Lower Regent Street, London, S.W.1, England
In Deutschland:
Britische Fremdenverkehrszentrale, Taunusstr. 52, 60329 Frankfurt/M.
Einen Schüleraustausch besorgt das Central Bureau for Educational Visits and Exchanges,
91 Victoria Street, London, S.W.1, England

1. a) Besorgt euch Material über London (Karten, Prospekte) und schreibt kurze Informationen über die im Text genannten Sehenswürdigkeiten.
b) Gestaltet eine „Wandzeitung London". Mögliche Themen: Sehenswürdigkeiten, Einkaufsmöglichkeiten, Geschichte.

2. Auf dem Foto. S. 64/65 ist rechts der Eingang (mit Treppe) zur National Gallery zu erkennen. Der „Culture Bus" hält davor. Bestimme die Haltestelle. Erkundige dich, welche weiteren Sehenswürdigkeiten hier besichtigt werden können.

M2: Die City of London, von der Themse aus gesehen

Räumlicher Überblick

Das Vereinigte Königreich von Großbritannien und Nordirland ist ein Inselstaat. Er besteht aus der Hauptinsel Großbritannien mit den Teilstaaten England, Wales und Schottland sowie dem Gebiet Nordirland auf der Insel Irland und weiteren Inseln. Die Hauptstadt ist London.

Natürliche Grundlagen

Auf den Britischen Inseln ist kein Ort weiter als 120 Kilometer vom Meer entfernt. Hier herrscht deshalb überall ein ozeanisches Klima. Kennzeichen sind milde Winter und kühle Sommer. An der englischen Südküste sorgt der Golfstrom für besonders milde Wintertemperaturen. Der Golfstrom ist eine warme Meeresströmung aus dem Golf von Mexiko.
Im Norden, in der Mitte und im Westen Großbritanniens liegen Mittelgebirge. Sie heißen Highlands. Der höchste Berg ist der Ben Nevis (1343 m). Im Süden und Osten liegen die Lowlands. Es sind Hügelländer bis 200 m Höhe und Tiefländer. Im Süden überwiegen Wiesen und Weiden (grünes England), im Osten Getreideanbau (gelbes England).

Die industrielle Entwicklung

Mit der Entwicklung der Textilindustrie in Großbritannien begann vor mehr als 200 Jahren die Industrialisierung in Europa. Neben der Textilindustrie machte vor allem die Schwerindustrie Großbritannien zum führenden Industrieland der Erde. Am südlichen Rand der Pennines entstand Ende des 19. Jahrhunderts das größte Industriegebiet der Erde. Man nannte es „Black Country".
Mit Beginn des 20. Jahrhunderts begann der wirtschaftliche Niedergang. Die Fabriken waren veraltet. Man brauchte zu viele Arbeitskräfte für die industrielle Fertigung. Andere Länder boten Waren billiger an. Fabriken wurden geschlossen. Viele Menschen wurden arbeitslos. Seit 1984 gibt die britische Regierung Zuschüsse um alte Fabriken zu modernisieren und neue Industrien anzusiedeln. Ein Strukturwandel macht sich bemerkbar. Durch Erdöl- und Erdgasfunde in der Nordsee entwickelte sich die chemische Industrie. An der schottischen Ostküste wurden tausende neuer Arbeitsplätze geschaffen.

England – die Wiege der modernen Industriekultur

Das Wichtigste kurz gefasst

Grundbegriffe

Highlands
Lowlands
Textilindustrie
Schwerindustrie
Zukunftstechnologie
Strukturwandel
Raffinerie

Italien –
zwei Länder in einem?

Portovenere, auf einer Halbinsel vor La Spezia gelegen

Räumlicher Überblick

M1: Italien

Italien

Fläche: 301000 km²
Einwohner: 57,2 Mio. Einw.
Hauptstadt: Rom
                  (2,7 Mio. Einw.)
Sitz der Regierung und des
Papstes, des Oberhauptes
der katholischen Kirche. Der
Papst lebt im Vatikan.
Autokennzeichen: I

Bella Italia - Schönes Italien

Es ist Ferienzeit. Am Brennerpass herrscht in Richtung Süden starker Verkehr. Durch einen liegen gebliebenen Pkw kommt es zu erheblichen Behinderungen. Jedes Jahr machen über 50 Millionen Menschen Urlaub in Italien, darunter über acht Millionen Deutsche. Sie mögen die Lebensart der Italiener, genießen die Sonne, das Meer und die Schönheit der verschiedenartigen Landschaften.

Italien hat die Form eines Stiefels, der 1000 km weit in das Mittelmeer hineinreicht. Im Norden des Landes ragen die Alpen bis über 4800 m empor. Gletscher haben die Alpentäler ausgeschürft. Bei ihrem Abschmelzen bildeten sich Seen. Die Alpenflüsse fließen in den Po, den größten Fluss Italiens. Er hat über Jahrmillionen eine Ebene von der Größe Niedersachsens (ca. 50 000 km²) geschaffen. Im Süden grenzt die Poebene an die Apenninen. Dieses Gebirge erstreckt sich über die gesamte Halbinsel bis nach Süditalien. Es wurde wie die Alpen aufgefaltet und weist zahlreiche Vulkane auf. Der Vesuv bei Neapel und der Ätna auf Sizilien sind die bekanntesten.

Italien besteht überwiegend aus Gebirgen, Hügelländern und Küstenebenen. Zahlreiche Handelsstädte wie Genua oder Venedig wurden an der Küste gegründet. Dort entwickelten sich auch Badeorte wie San Remo oder Rimini. Rom ist die größte Stadt Italiens. Sie wurde im Laufe der Geschichte oft zerstört, aber immer wieder aufgebaut. Rom wird deshalb die „Ewige Stadt" genannt.

M2: In den Dolomiten

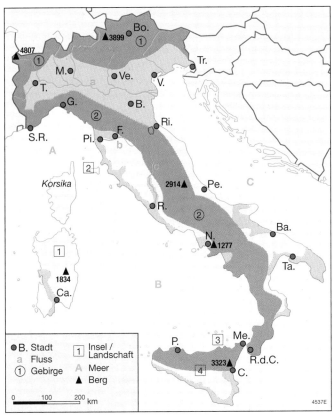

1. Bestimme in *M3* die Städte, Gebirge, Flüsse, Meere, Inseln und Berge *(Atlas)*.

2. Nenne die Nachbarstaaten von Italien *(Atlas)*.

3. Eine Familie aus Lübeck fährt mit dem Auto nach Sizilien. Sie will dort Urlaub machen. Lege die Fahrtroute fest *(Atlas)*. Liste Städte und Landschaften auf, durch die die Familie auf der Anreise kommt.

4. Fertigt eine Wandzeitung zum Thema „Reiseland Italien an". Besorgt euch Prospekte in einem Reisebüro.

M3: Übungskarte Italien

M4: Der Petersdom – das Wahrzeichen Roms

M5: Taormina mit Blick auf den Ätna (Sizilien)

79

Italien – zweigeteilt?

Gegensatz von Nord und Süd

Norditalien – hier schlägt das wirtschaftliche Herz des Landes. Besonders in der Po-Ebene ist ein dichtes Straßen- und Eisenbahnnetz vorhanden. Hier ballt sich auch die Bevölkerung, da viele Industriebetriebe Arbeit bieten. Das wichtigste Industriegebiet ist das Dreieck Mailand-Turin-Genua. Hier werden vor allem Autos (Fiat), Computer, Elektrogeräte sowie viele andere Produkte hergestellt. Die Industriebetriebe sind – ebenso wie in Deutschland – nicht zufällig gerade hier entstanden. Ausschlaggebende Standortfaktoren waren insbesondere:
– die verkehrsgünstige Lage, denn Alpenpässe und Tunnel ermöglichen einen regen Warenaustausch mit den Ländern Mittel- und Westeuropas;
– die Wasserkraftwerke in den Alpen liefern zuverlässig die benötigte Elektroenergie;
– die fruchtbare Po-Ebene erlaubt den Anbau von ausreichend Nahrungsmitteln für die Versorgung der Bevölkerung.

Süditalien – das ist der unterentwickelte und mehr landwirtschaftlich orientierte Teil des Landes. Die Landesnatur ist von waldlosen Gebirgszügen geprägt. Nur wenige größere Ebenen sind hier zu finden. Im Sommer herrscht oft monatelang Dürre. Allerdings ist die Natur nicht allein dafür verantwortlich, dass der Süden arm ist. Es fehlt vor allem an Industriebetrieben und somit an Arbeitsplätzen. Seit den fünfziger Jahren haben sich in einigen Küstenorten neue Industrien angesiedelt. In Neapel entstand zum Beispiel ein Fiat-Automobilwerk und in Tarent ein Stahlwerk. Das Landesinnere blieb hingegen unverändert und die Kluft zwischen den „beiden Italien" ist sogar noch größer geworden.

1. Ferrari, Fiat, Lancia und Alfa Romeo heißen große italienische Automarken. Erkundige dich, wo sich die Stammwerke befinden. Begründe die Standortwahl.

2. Man spricht von den „beiden Italien". Was ist damit gemeint?

M1: Nord- und Süditalien

M2: Fiat-Werke in Turin

M3: Straße in Benevento

Von 365 Tagen im Jahr haben Arbeit:

25 Tage:	1754 Menschen
50 Tage:	5761 Menschen
100 Tage:	10770 Menschen
150 Tage:	1503 Menschen
200 Tage:	2255 Menschen
250 Tage:	752 Menschen
300 Tage:	752 Menschen
dauerhaft angestellt:	1253 Menschen

M4: Beschäftigungsdauer in Benevento

Warum Silvio Gigante aus Italien wegzog

Silvio Gigante lebt seit dreißig Jahren in Stuttgart. Seine Heimatstadt ist Benevento in Italien. Er berichtet:
„Die Sommer sind sehr heiß. Sechs Monate lang herrscht Trockenheit. Die Felder verdorren, weil wir kein Wasser zum Bewässern haben. Besonders in der Mittagszeit ist die Hitze so groß, dass jede Arbeit schwerfällt. Deshalb wird über Mittag für drei Stunden nicht gearbeitet. Die Menschen ziehen sich in ihre kühlen Häuser zurück. Dann sieht der Ort wie ausgestorben aus. An den Sommerabenden sitzen die Menschen draußen und unterhalten sich. Viele sind Bauern. Sie haben nur kleine Landstücke. Industrie gibt es kaum. Viele Menschen sind arbeitslos oder haben nur zeitweise eine Arbeit, zum Beispiel zur Erntezeit. Dies nennt man Saisonarbeit.

Ich war 16 Jahre alt, als mein Vater das Angebot erhielt bei einer Maschinenbaufirma in Stuttgart zu arbeiten. Ich wollte nicht mit nach Deutschland, aber ich hatte keine andere Wahl. In Abendkursen lernte ich die neue Sprache. Ich fand dann eine Arbeitsstelle in dem Betrieb, in dem mein Vater arbeitete. Nach einiger Zeit lernte ich meine zukünftige Frau kennen. Meine beiden Kinder sind in Stuttgart aufgewachsen. Sie besuchen aber gerne in den Ferien unsere Verwandten in Italien. Die Entfernung von mehr als 1000 km müssen wir in Kauf nehmen. Meine Tochter Lucia studiert jetzt in Rom Jura."

3. Wie viele Monate im Jahr hat die größte der in *M4* genannten Gruppen eine Beschäftigung?

4. a) In welchen Gebieten Italiens (Norden, Mitte, Süden) ist die Abwanderung der Bevölkerung besonders groß?
b) Überlege mögliche Gründe und schreibe sie auf.

M1: Arbeitslosigkeit in Italien

M2: Abwanderung in Italien

Hilfe für den Süden

Wo liegt das Problem?

„**Mezzogiorno**" nennen die Italiener den Süden ihres Landes. Einige Familien besitzen hier riesige Ländereien: Die durchschnittliche Größe des Landbesitzes im Mezzogiorno übertrifft die im Norden um ein Vielfaches. Große, zusammenhängende Ackerflächen bieten eigentlich günstige Voraussetzungen für die Landwirtschaft. Doch weder der Boden noch die klimatischen Bedingungen (anhaltende Dürregefahr) hier lassen eine sonderlich ertragreiche Landwirtschaft zu. Außerdem ist die Oberfläche sehr gebirgig und die Felder sind von Steinen übersät. Das behindert den Einsatz schwerer technischer Geräte. So ist die **Produktivität** der Landwirtschaft im Norden viel höher als im Süden des Landes.

Für industrielle Großprojekte im Mezzogiorno gab der italienische Staat in den letzten Jahrzehnten viel Geld aus. Doch die meisten Großbetriebe arbeiten unrentabel. Es fehlt geschultes Fachpersonal, das die modernen Anlagen bedienen kann. So müssen entsprechend ausgebildete Arbeitskräfte in den Industrieregionen des Nordens angeworben werden. Auch die erhoffte Ansiedlung von Zulieferfirmen blieb bislang aus. Die Firmen aus dem Norden nehmen lieber lange Anfahrtswege in Kauf und verzichten auf eine Ansiedlung im Süden.

Die im Süden hergestellten Produkte, zum Beispiel Eisen und Stahl aus Tarent, werden hauptsächlich im Norden gebraucht. Lange Transportwege verteuern aber diese Produkte und verschlechtern die Wettbewerbsbedingungen des Südens. Eine lang anhaltende Stahlkrise sorgte zudem dafür, dass viele Stahlwerker entlassen werden mussten.

1. Berichte über die Fördermaßnahmen des italienischen Staates für den Mezzogiorno.

2. Welcher Zusammenhang besteht zwischen Arbeitslosigkeit und Abwanderung in den einzelnen Regionen Italiens *(M1, M2)*.

Die Förderung des Tourismus

Inzwischen hat die Regierung in Rom erkannt, dass die Errichtung riesiger Großbetriebe nicht das richtige Konzept für die Entwicklung des Süden sein kann. Statt dessen setzt man nun auf die Förderung des Tourismus.

Die Voraussetzungen des Mezzogiorno für den Tourismus sind gut: Das warme Klima, die lang gestreckte Küste und die malerische Landschaft sowie zahlreiche Sehenswürdigkeiten bieten das, was Touristen anlockt. Mit staatlicher Hilfe haben viele Bauern ihre Höfe umgebaut und Fremdenzimmer oder Gaststätten eingerichtet. Der Staat unterstützte diese Entwicklung mit dem Neubau von Straßen und Kläranlagen sowie dem Ausbau des Strom- und Telefonnetzes.

Die Förderung des Tourismus ist aber auch mit verschiedenen Problemen verbunden. So beschränkt sich die Nutzung der touristischen Einrichtungen vor allem auf die Sommermonate. Im Winter ist die Arbeitslosigkeit nach wie vor hoch. Ein weiteres Problem stellt die zunehmende Umweltbelastung durch den Fremdenverkehr dar.

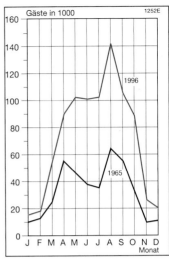

M4: Jahreszeitliche Verteilung im Fremdenverkehrsort Taormina

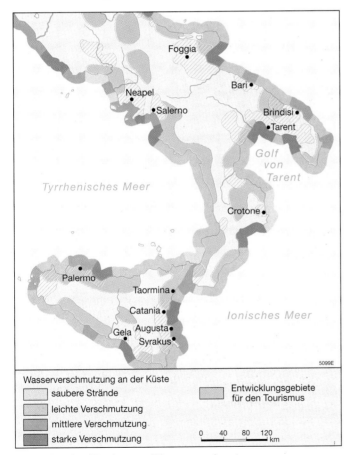

M3: Industrie – Tourismus – Wasserverschmutzung

3. Warum verspricht man sich gerade vom Tourismus Entwicklungsanstöße für den Mezzogiorno?

4. Welche Risiken sind mit dem anwachsenden Fremdenverkehr verbunden *(M3)*?

5. Werte *M4* aus. Begründe die festgestellte Entwicklung.

Eine Kreuzfahrt durch das Mittelmeer – ein Quiz

1. Tag: Unsere Reise beginnt in Genua. Am ersten Tag fahren wir an einer Insel (?) vorbei, die zu Frankreich gehört.

2. Tag: Wir sind in der Hauptstadt von Italien (?). Dort machen wir einen Landausflug. Wir besichtigen das Kolosseum aus der Römerzeit.

3. Tag: Weiter geht es nach Neapel. Von hier aus machen wir wieder einen Landausflug. Wir steigen auf einen 1277 m hohen Vulkan (?).

4. Tag: Es geht weiter. Wir fahren an einer Insel (?) vorbei, auf der ein viel höherer Vulkan (?) tätig ist.

5. und 6. Tag: Bis wir unser nächstes Reiseziel, eine Insel (?), erreichen, sind wir viele Stunden auf See. Endlich kommen wir in Iraklion an. Auch hier besichtigen wir Ruinen aus einer längst vergangenen Zeit: den Knossos-Palast.

7. und 8. Tag: Wir fahren durch eine Inselgruppe (?) mit vielen kleinen Inseln. Schließlich erreichen wir den Hafen Piräus. Wir freuen uns schon auf den Landausflug zur Akropolis, die hoch über einer Hauptstadt (?) liegt.

9. und 10. Tag: Bevor wir das Ziel unserer Reise erreichen, müssen wir noch durch eine Meerenge (?) fahren. Östlich liegt Asien, westlich Europa. Von weitem sehen wir schon die Moscheen und Türme der Weltstadt (?).

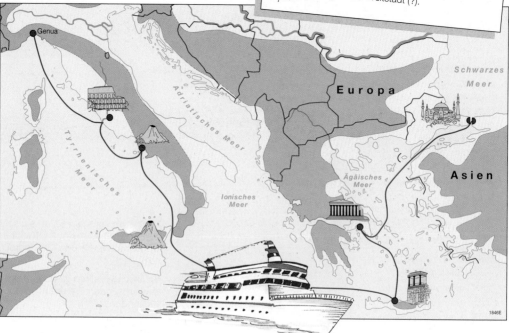

Räumlicher Überblick

Italien ist ein Land in Südeuropa. Es hat die Form eines Stiefels. Die Hauptstadt ist Rom. Man unterscheidet Festland-Italien, Halbinsel-Italien und Insel-Italien. Im Norden gehören Teile der Alpen zu Italien, nach Süden schließt sich die Poebene an, das Gebirge der Appeninnen verläuft bis nach Süditalien.

Benevento - ein Ort in Süditalien

Benevento liegt in Süditalien. Hier herrscht eine hohe Arbeitslosigkeit. Arbeitskräfte sind von hier nach Deutschland gekommen. Sie haben Deutsch gelernt und arbeiten in vielen Betrieben.

Italien - zweigeteilt?

Italien gehört zu den führenden Wirtschaftsländern der Erde. Der Unterschied zwischen Nord- und Süditalien ist jedoch erheblich. Der Norden ist reicher. In der wasserreichen Poebene entwickelte sich eine leistungsfähige Landwirtschaft. Eine vielseitige Industrie schuf im Ballungsraum Mailand-Turin-Genua viele Arbeitsplätze. Süditalien hat nur wenig Industrie. Die Landschaft ist waldlos und gebirgig. Die Landwirtschaft ist für viele Menschen die einzige Erwerbsquelle. Durch die Förderung von Industrieansiedlungen versuchte die Regierung jahrzehntelang neue Arbeitsplätze zu schaffen.

Hilfe für den Süden

Im Verlauf der letzten Jahrzehnte zeigte sich, dass die ungünstigen Bedingungen für die Landwirtschaft und die Industrie im Mezzogiorno durch staatliche Maßnahmen kaum zu beseitigen sind. Daher besinnt man sich nun zusehends der Vorzüge des Südens für das Tourismusgewerbe. Der Staat fördert den Bau von Einrichtungen, die für den Fremdenverkehr benötigt werden. Beim Straßenbau, im Gaststättengewerbe und in den Pensionen entstanden bereits viele neue Arbeitsplätze.
Allerdings hat der zunehmende Tourismus auch nachteilige Folgen. Die Strände unterliegen einer stärkeren Nutzung. Die Qualität des Wassers hat sich verschlechtert. Außerdem ist die Arbeitslosigkeit, zumindest in den Wintermonaten, noch immer sehr hoch.

Italien – zwei Länder in einem?

Das Wichtigste kurz gefasst

Grundbegriffe

Mezzogiorno
Produktivität

Moderner polnischer Chemiebetrieb (Raffinerie) bei Płock an der Weichsel

Polen auf dem Weg
nach Westen

Räumlicher Überblick

Urwälder, wilde Tiere – Tourismus

Polen hat 17 Nationalparks und über 500 Naturschutzgebiete. Der Urwald im Nationalpark von Białowieża ist einmalig im europäischen Tiefland. Hier gibt es noch unberührten Urwald. Mächtige Eichen stehen neben seltenen Blumen. Wilde Tiere wie Bären, Luchse und Wölfe suchen sich ihre Beute unter Rehen und Hirschen. Ganz besonders selten sind die Wisente, die europäischen Bisons (die amerikanischen Bisons kennt man aus Wildwestfilmen) und die Wildpferde (Tarpane), die früher in Europa weit verbreitet waren. Polen hat 10 000 natürliche Seen. Die *Masurische Seenplatte* gehört zu den schönsten Landschaften Europas. Allerdings ist fraglich, wie lange sie das noch ist. Seit einigen Jahren steigen die Besucherzahlen stark an und damit auch die Umweltprobleme.

An der *Ostseeküste* ist es an beliebten Stränden nicht anders. Man findet aber auch einsame Strände. Der Nationalpark bei Łeba gleicht der Sahara: hohe Wanderdünen, scheinbar ohne jedes Pflanzenleben, ständig weht der Wind.

Die *Waldkarpaten* im Südosten erlauben einen Einblick in die Erdgeschichte. Hier sieht man, wie das Gestein einst gefaltet worden ist. Oberhalb der Baumgrenze, die bei etwa 1200 Metern liegt, gibt es grüne Almen und Matten. Die Orte drängen sich in den Tälern. Ihre Bewohner leben von Viehwirtschaft und der Holzindustrie.

Zwischen den *Beskiden* und der *Hohen Tatra* erstreckt sich eine Landschaft, die dem Alpenvorland ähnlich ist. Die Bevölkerung, die sich auch gern in ihren Trachten zeigt, ist voll auf den Tourismus eingestellt. Das ganze Jahr über ist Saison: im Sommer Wandern und Floßfahrten, im Winter Skitourismus. Eine Floßfahrt durch die Schlucht der Dunajec steht auf fast jedem Touristenprogramm in Polen. Die *Hohe Tatra* ist ein Hochgebirge wie die Alpen. Jährlich

M1: Lage von Polen in Europa

M2: Altstadt von Danzig

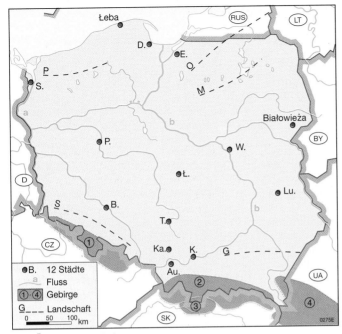

M3: Übungskarte Polen

Was wird aus Masuren – dem Land der Wälder und Seen? Diese einzigartige Region droht kaputtzugehen. Schon heute sind manche Seen vergiftet. Sogar das „Masurische Meer" – der Spirdingsee (Śniardwy) – ist in seinem westlichen Teil bedroht.

Schuld sind die Städte mit ihren unzureichenden Kläranlagen sowie die Hotels, Ferienheime und Campingplätze, die ihre Abwässer oft auch dann in die Seen leiten, wenn alljährlich im Sommer Millionen von Touristen die Gegend übervölkern.

(Jan Loboda)

machen hier mehrere Millionen Menschen Urlaub. Der Ort Zakopane ist für seine Künstlertreffen und Folklore-Festivals bekannt. In der Bergwelt der Tatra hat sich die alte Lebensweise der Hirten und der Herdenwanderungen im Ablauf der Jahreszeiten noch erhalten.

(nach: Jan Loboda: Unser Nachbar Polen, Braunschweig 1992, S. 46-48)

M4: Masurische Seenplatte

1. a) Bearbeite die Übungskarte (M3, Atlas).
b) Wie lauten die polnischen Namen der ermittelten Städte (Atlas)?
Hinweis:
Der polnische Buchstabe Ł wird wie das deutsche W ausgesprochen.

2. Vergleiche die Naturräume Polens und Deutschlands. Nenne Gemeinsamkeiten und Unterschiede (Atlas).

3. Liste alle Städte mit über 100 000 Einwohnern auf, die im polnischen Tiefland liegen (Atlas).

4. Plane eine Reise durch Polen. Was würde dich besonders interessieren? Besorge dir zusätzliche Informationen: z. B. Bücher, Reiseprospekte.

Polen auf dem Weg in die EU?

Polen – ein Partnerland der Europäischen Union

Die Anfänge der Europäischen Union (EU) gehen in die fünfziger Jahre zurück. Sechs europäische Länder gründeten damals ein Wirtschaftsbündnis, um die Entwicklung der Industrie, der Landwirtschaft und des Handels schneller voranzubringen. Die Grenzen zwischen den Ländern sollten dabei schrittweise überwunden werden, jeder Bewohner sollte das Recht erhalten sich frei auf dem Gebiet der Gemeinschaft zu bewegen.

Dieses Ziel wurde inzwischen erreicht. Mittlerweile zählt die EU 15 Mitglieder und strebt einen noch engeren Zusammenschluss an. 1994 stellte auch Polen den Antrag auf Mitgliedschaft. Viele Politiker meinen jedoch, dass Polen wirtschaftlich noch nicht genügend entwickelt ist um Mitglied der EU zu werden. In der Tat ist die polnische Wirtschaft noch nicht so leistungsfähig wie die der EU-Mitglieder und das Einkommen der polnischen Bevölkerung ist bedeutend niedriger als das der EU-Bevölkerung. Die polnische Landwirtschaft ist noch sehr rückständig und die staatlichen Industriebetriebe sind schlechter ausgerüstet als vergleichbare Unternehmen in Westeuropa.

1. Überlege, warum Polen den Antrag auf Mitgliedschaft in der EU stellte.

2. Welche Vorteile könnten die heutigen EU-Länder aus einer Mitgliedschaft Polens ziehen?

3. Welche weiteren europäischen Länder bewerben sich um die Mitgliedschaft in der EU *(M1)*?

Gründungsmitglieder 1957

Beitritt 1973

Beitritt 1981

Beitritt 1986

Beitritt 1995

beitrittswilliger Staat

Volksentscheid gegen
EU-Mitgliedschaft

Aufnahme durch EU abgelehnt

Aufnahme zurückgestellt

Staaten des Europaab-
kommens (EU-assoziiert)

M1: Die Europäische Union

M2: Opelwerke in Gleiwitz (Gliwice) im Bau (Foto vom Frühjahr 1997); ab 1999 werden hier von 2000 Beschäftigten jährlich 70 000 Fahrzeuge produziert

Das moderne Polen auf dem Weg in den Westen

Polen gleicht heute einer einzigen großen Baustelle. Überall entstehen neue Häuser, Büros, Werkstätten und Industriebetriebe. Kein anderes Land in Europa weist ein derart hohes **Wirtschaftswachstum** auf wie Polen.

Inzwischen sind auch viele Konzerne im Ausland auf das polnische „Wirtschaftswunder" aufmerksam geworden. Sie errichten hier **Zweigbetriebe** und profitieren von den geringen Löhnen, dem großen Arbeitswillen und den niedrigen Steuern in unserem Nachbarland.

Deutschland ist für Polen der wichtigste Handelspartner. In Gleiwitz (Gliwice) baut Opel ein Automobilwerk. Von hier aus soll einst nicht nur Polen, sondern auch Osteuropa mit Pkws versorgt werden. Davon profitieren Polen und Deutsche.

Allerdings hat Polen „auf seinem Weg in den Westen" auch immer wieder Rückschläge hinzunehmen. Im Sommer 1997 suchte eine schlimme Überschwemmungskatastrophe den Südwesten des Landes heim. Als die Oder über ihre Ufer trat, wurden zehntausende Menschen um die Früchte ihrer Arbeit gebracht. Sie stehen nun vor dem wirtschaftlichen Ruin.

Angesichts der Leistungen, die beim Aufbau des Landes vollbracht werden, ist es dennoch nur eine Frage der Zeit, wann Polen als neues Mitglied in der Europäischen Union begrüßt werden kann.

4. Warum ist Polen für viele Konzerne im Ausland interessant geworden?

Warschau – Symbol für Überlebenswillen und Frieden

Warschau – Aufbau der zerstörten Hauptstadt

Warschau ist mit 1,7 Mio. Einwohnern die weitaus größte Stadt Polens. Sie erstreckt sich zu beiden Seiten der Weichsel. Das Zentrum befindet sich auf dem Westufer. Nach ihrer Zerstörung durch deutsche Truppen während des Zweiten Weltkrieges wurde die Stadt nach 1945 wieder aufgebaut. Unter den im Krieg zerstörten Städten nimmt Warschau einen besonderen Platz ein. Die Stadt wurde nicht nur zu Kriegsbeginn durch Bomben und Granaten der kämpfenden Truppe geschädigt, sondern am Ende des Krieges planmäßig dem Erdboden gleichgemacht.

1945, bei Kriegsende, bot die Stadt ein Bild der Verwüstung. Mehr als zwei Drittel der Wohnhäuser und fast sämtliche Industrieanlagen waren zerstört. Die Leitungen für Wasser, Gas, Strom und Telefon waren zerborsten, Verkehrswege nicht befahrbar. Der Wiederaufbau der Stadt ist ein Zeichen für den Überlebenswillen des polnischen Volkes. Die Innenstadt wurde mit Sorgfalt nach alten Plänen und Gemälden wieder aufgebaut. In den Randbezirken entstanden Straßen, Parks und moderne Wohnviertel.

1. „Unter den im Zweiten Weltkrieg zerstörten Städten nimmt Warschau einen besonderen Platz ein." Erläutere anhand der Textaussagen.

2. Beschreibe die Zerstörungen der Stadt Warschau in den Jahren 1939-1945.

3. a) Finde mithilfe des *Atlas* und *M5* heraus, welche Stadtviertel Warschaus besonders stark zerstört wurden.
b) Welche Funktionen haben diese Stadtviertel heute?
(Atlas, Karte: Polen – Warschau 1937)

M1/M2: Marktplatz in der Altstadt 1945 und heute

M3: Neustadt Warschaus

M4: Kulturpalast

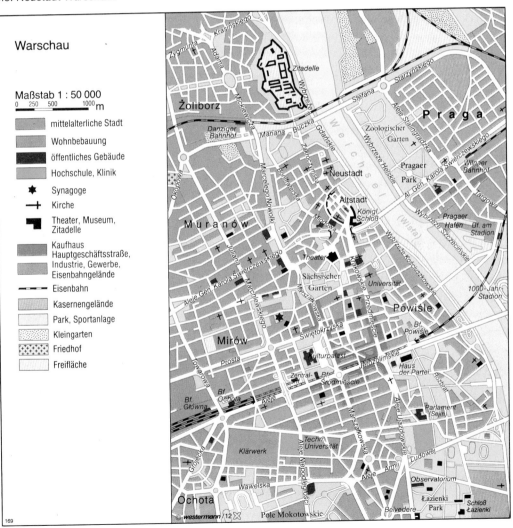

M5: Warschau – Stadtplan

Erweiterungsthema: Das Warschauer Getto

Am 1. September 1939 begann Adolf Hitler von Deutschland aus einen Krieg gegen Polen. Die Hauptstadt Warschau wurde bombadiert. In der Stadt lebten 1,3 Millionen Menschen. 60 000 von ihnen starben oder wurden durch die Bomben verletzt. Viele Häuser wurden zerstört. Am 28. September ergab sich die Stadt. Sie wurde von den Deutschen besetzt. Die **Nationalsozialisten** planten die vollständige Zerstörung der Stadt und die Vernichtung aller Juden des Landes. In der Stadt wurde ein **Getto** eingerichtet und mit einer Mauer von der übrigen Stadt abgeteilt. Über 400 000 Juden aus Warschau und dem übrigen Polen wurden gezwungen ins Warschauer Getto zu ziehen. Ab Juli 1942 wurden von dort jeden Tag mehrere tausend Menschen in das Vernichtungslager Treblinka abtransportiert, wo sie in Gaskammern getötet wurden. In einem verzweifelten Aufstand im Frühjahr 1943 versuchten die Menschen dem Abtransport in die Vernichtungslager zu entgehen. Er scheiterte ebenso wie ein zweiter Versuch ein Jahr später. Unzählige Menschen wurden umgebracht. Die Innenstadt wurde vollständig niedergebrannt. Bevorzugt wurden Gebäude der polnischen Geschichte und Kultur zerstört. Von den 957 historischen Gebäuden der Stadt wurden 782 vollständig und 141 zum Teil zerstört.

M1: Am 1. September fallen die ersten Bomben auf Warschau

M2: Menschen werden auf Straßen des Gettos für den Abmarsch in Vernichtungslager zusammengetrieben

Ein Augenzeugenbericht

Ein Tag im September **1939**: Sirenen heulten, Bomber flogen dicht über den Dächern, ihre Schatten glitten über die Straße, ihr Dröhnen ließ den Boden erbeben. Sofort danach Explosionen, Rauch, der den Himmel verdunkelte, Schreie; vor mir sackte eine Fassade am Ende der Straße zusammen. Brände loderten auf. Menschen rannten. Wir stürzten die Treppe in den Keller hinab, die Mauern beben. Putz fällt uns in weißen Stücken auf den Kopf. Meine Mutter ist kreidebleich, mir brennen die Augen. Dann Stille, die Sirenen der Feuerwehr.

1942: Ich hörte, dass man in Höhe der Dzika-Straße und auch in anderen Straßen eine Ziegelmauer errichtete. Ich sah sie mir an. Die Mauer war schon über zwei Meter hoch. Die ganze Straße wurde abgesperrt. (...) Wir sind eingeschlossen, und wir sind machtlos. Ich gehe die Gettomauer entlang und komme an eines der Gettotore: mitten auf der Straße ist eine Stacheldrahtbarrikade errichtet, zwei Schilderhäuschen stehen zu beiden Seiten eines engen Durchgangs. Soldaten stehen herum, sie haben Stahlhelme auf, tragen Waffen. Sie versperren den Durchgang. Dieser schmale Durchgang: unsere Freiheit, die Tür unseres Käfigs.

1943: In der Zamenhof-Straße saß eine jüdische Familie inmitten einiger Koffer auf dem Bordstein. Vielleicht Juden aus dem Praga-Viertel, die ein Lastwagen hier abgesetzt hatte und die nun nichts mehr besaßen als dieses Wenige. Ein kleines Mädchen mit Zöpfen starrte unbeweglich vor sich hin.

1944: Am Tor der Leszno-Straße sah ich einen Trupp jüdischer Arbeiter, die nach Hause kehrten. Sie arbeiteten außerhalb des Gettos. Deutsche Wachposten stürzten sich auf sie wie Wölfe, stießen sie mit Gewehrkolben, dass die müden Männer mit den erschöpften Gesichtern in die Knie brachen. Dann durchsuchten sie sie. Stücke Brot, Kartoffeln, ein Säckchen Mehl sammelten sich auf der Straße. Die Wachen zwangen die Arbeiter, die Waren über die Mauer zu werfen. Manche versuchten einen Bissen Brot abzubeißen, sie wurden halbtot geschlagen.

(zusammengestellt nach Martin Gray: Der Schrei nach Leben, Paris 1971)

M3: Außenzaun des Gettos

1. Betrachte die Bilder und lies den Text auf dieser Seite. Sprich dann über deine Gedanken und Gefühle.

2. Berichte mithilfe des Textes und *M1 - M3* über die unmenschlichen Vorgänge in Warschau zwischen 1939 und 1945.

3. Am 17. Juni 1991 wurde der „Deutsch-Polnische Vertrag über gute Nachbarschaft und freundschaftliche Zusammenarbeit" geschlossen. Er soll den Weg beider Staaten in die Zukunft Europas kennzeichnen. „Dies ist eine große Aufgabe für beide Staaten." Erläutere diesen Satz.

Industriegebiet Oberschlesien

Das Oberschlesische Industrierevier

(polnisch: GOP, Górnośląki Okreg Przemyslowy):
65 Steinkohlezechen, 6 Kokereien, 26 Metallurgie-Betriebe (davon: 16 Eisenhütten und Stahlwerke, 10 Buntmetallhütten), 4 Zementwerke, 10 Glashütten, 13 größere Steinkohlekraftwerke-

1. Nenne Städte im Oberschlesischen Industrierevier *(Atlas)*.

2. Erstelle ein Schaubild: Welche Industriezweige im Oberschlesischen Revier hängen von der Kohle ab *(Atlas)*?

3. Vergleiche das Oberschlesische Industrierevier mit dem Ruhrgebiet: die Ausdehnung, die Zahl der Städte, die Industriezweige *(M1, Atlas)*.

Industrie: Oberschlesisches Industriegebiet

Das Oberschlesische Industriegebiet (poln.: GOP) zählt zu den großen europäischen Industrierevieren. Seine Entwicklung begann auf der Grundlage der Steinkohle bereits am Ende des 18. Jahrhunderts, als damit begonnen wurde Steinkohle für die Eisenverhüttung einzusetzen. Bis heute hat die Steinkohlenförderung ihre Bedeutung für dieses Gebiet behalten. Obwohl die Förderung gegenwärtig zurückgeht, ist Polen (außer der GUS) größter Produzent und Exporteur von Steinkohle in Europa.

Seit Ende der achtziger Jahre stellt sich die polnische Wirtschaft auf die Marktwirtschaft um. Das hat große Probleme zur Folge. Viele Betriebe, die ihre Erzeugnisse bisher mit großem Energie- und Materialaufwand herstellten, sind nicht mehr konkurrenzfähig. Sie können deshalb ihre Erzeugnisse nicht mehr absetzen und müssen oft ihre Produktion einstellen. Als Folge sank zunächst die Industrieproduktion. Auch die Steinkohlenförderung ist betroffen. Wegen der häufig veralteten Technik mussten verschiedene Gruben geschlossen werden. Um die Wirtschaft anzukurbeln wurde bereits ein Großteil der ehemaligen Staatsbetriebe an ausländische Investoren verkauft. Auch sollen – wie vor Jahren im Ruhrgebiet – neue Industriezweige angesiedelt werden. Auf altem Zechengelände entstanden moderne Gewerbeparks. Hier siedelten sich bereits zahlreiche kleine und mittlere Betriebe an. Bei der Überwindung von Schwierigkeiten zeigen sich die Polen erfinderisch. Ihr Weg in die Marktwirtschaft ist erfolgreich.

M1: Stahlwerk in Kattowitz

Räumlicher Überblick

Polen hat Anteil an verschiedenen Naturlandschaften. Im Norden verläuft das europäische Tiefland. Die Masurische Seenplatte gehört zu den schönsten Landschaften Europas. Das Land steigt nach Süden an und endet in der Hohen Tatra. Sie ist ein Hochgebirge wie die Alpen.

Polen auf dem Weg in die EU

Polen hat 1994 den Antrag auf Mitgliedschaft in der EU gestellt. Da das Einkommen der polnischen Bevölkerung jedoch niedriger ist als in den bisherigen 15 EU-Ländern, verzögert sich die Mitgliedschaft. Doch das Wirtschaftswachstum ist hoch. Geringe Löhne, der große Arbeitswillen der Bevölkerung und die niedrigen Steuern veranlassen viele ausländische Firmen in Polen Zweigbetriebe zu errichten. Es ist daher nur noch eine Frage der Zeit, bis Polen Mitglied der Europäischen Union sein wird.

Warschau - Symbol für Überlebenswillen und Frieden

Die Hauptstadt Polens ist Warschau. Sie erstreckt sich zu beiden Seiten der Weichsel. Die Stadt wurde im Zweiten Weltkrieg fast vollständig zerstört. Hier errichteten die Nationalsozialisten ein Getto. Über 400 000 Juden aus Warschau und dem übrigen Polen wurden dorthin gebracht. In einem verzweifelten Aufstand versuchten die Menschen zu fliehen um der drohenden Vernichtung zu entgehen. Der Aufstand hatte keinen Erfolg. Unzählige Menschen wurden umgebracht. Die Innenstadt wurde niedergebrannt. Nach 1945 baute man die Innenstadt nach alten Plänen sorgfältig wieder auf. Der Wiederaufbau ist ein Zeichen für den Überlebenswillen des polnischen Volkes.

Polen auf dem Weg nach Westen

Das Wichtigste kurz gefasst

Grundbegriffe

Wirtschaftswachstum
Zweigbetrieb
Getto
Nationalsozialisten

Europas Wirtschaft wandelt sich

1981

1986

1973

1995

50E

M1: Vernichtung von Ernteüberschüssen

Die Landwirtschaft

1. a) Welche europäischen Länder ernten Getreide im Überfluss *(M2)*?
b) Wo reicht die eigene Erzeugung tierischer Nahrungsmittel nicht zur Versorgung aus?

Folgen von Rekordernten

In manchen Jahren kommt es in den EU-Ländern zu Rekordernten. Tomaten, Äpfel und andere Früchte werden aber nicht in beliebiger Menge auf dem Markt verkauft. Um fallende Preise zu verhindern werden überschüssige Erntemengen vernichtet, bis sich Angebot und Nachfrage wieder die Waage halten. Die EU stützt die Preise für landwirtschaftliche Produkte, damit die Bauern nicht so stark unter den Preisschwankungen zu leiden haben.

Butterberg und Apfelschwemme

Die meisten Länder der EU liegen in der gemäßigten Zone. Hier sind Ackerbau und Viehzucht besonders ertragreich. Zudem hat sich die Arbeit in der Landwirtschaft verändert. Die Landwirte verwenden hochwertigeres Saatgut und besseren Dünger. Die **Spezialisierung** ist weit fortgeschritten. Moderne Maschinen erleichtern die Arbeit. 1950 ernährte ein Landwirt etwa 10 Menschen, heute sind es 75. So ist es nicht verwunderlich, dass zum Teil mehr Nahrungsmittel in der EU erzeugt werden, als die Bevölkerung verzehren kann. Besonders in Jahren mit Rekordernten kommt es immer wieder zur Vernichtung von großen Mengen leicht verderblicher Früchte. Lagerfähige Produkte wie zum Beispiel Butter, Fleisch und Getreide werden eingelagert und kommen erst nach einigen Jahren auf den Markt.

		(DK)	(D)	(F)	(NL)	(IRL)	(GB)
	Getreide	+	o	++	--	–	+
	Zucker	++	+	++	+	+	–
	Gemüse	–	--	o	++		–
	Frischobst	--		o	--		--
	Käse	++	o	+	++	++	
	Butter	++	+	+	++	++	–
	Fleisch	++	–	o	++	o	o

-- = stark unterversorgt, – = unterversorgt, o = Bedarf gedeckt, + = überversorgt, ++ = stark überversorgt

M2: Grad der Selbstversorgung mit Nahrungsmitteln in ausgewählten Ländern der EU.

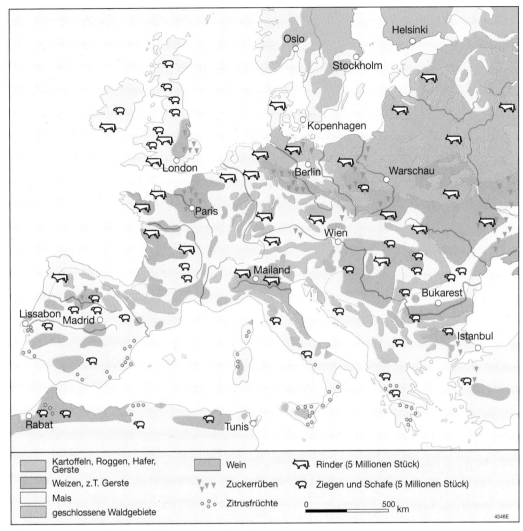

M1: *Hauptanbaugebiete und Viehhaltung in Europa*

Kartoffeln, Roggen, Hafer, Gerste	Wein	Rinder (5 Millionen Stück)
Weizen, z.T. Gerste	Zuckerrüben	Ziegen und Schafe (5 Millionen Stück)
Mais	Zitrusfrüchte	0 500 km
geschlossene Waldgebiete		

Landwirtschaft in Europa

Innerhalb Europas ist das Klima sehr unterschiedlich. Dies hat Auswirkungen auf die landwirtschaftliche Nutzung:
– Weidewirtschaft wird in den südeuropäischen Ländern vor allem mit den genügsamen Schafen und Ziegen betrieben, für Rinder sind die Weiden meist zu karg.
– Einige Kulturen werden bevorzugt dort angebaut, wo viel Sonne zum Beispiel Apfelsinen, Mandarinen und Zitronen reifen lässt. Diese Zitrusfrüchte können bei uns gar nicht gedeihen. Deshalb produzieren die Bauern in Südeuropa viel mehr Zitrusfrüchte, als dort verbraucht werden können, und verkaufen sie an uns. Wegen der Trockenheit im Sommer müssen die Bauern in Südeuropa jedoch viele Pflanzen künstlich bewässern.

2. Stelle den Versorgungsgrad der Bundesrepublik Deutschland mit Grundnahrungsmitteln in einem Säulendiagramm dar. Wähle für je zehn Anteile von Hundert einen Zentimeter als Einheit *(S. 102/103)*.

3. Nenne die europäischen Länder, in denen Zitrusfrüchte, Wein oder Oliven angebaut werden. Erstelle eine Tabelle.

4. In welchen Ländern gibt es noch Zuckerrübenanbau?

5. Unsere Bauern liefern Rindfleisch und Zucker nach Südeuropa. Begründe *(M1)*.

Tabelle –
Grafik – Karte

Land	Getreide insg. in Mio. t	Weizen. in Mio. t	Kartoffeln in Mio. t	Wein in Mio. t	Milch in Mio. t
Belgien	2,1	1,4	1,9	0,2	3,6
Dänemark	9,2	3,6	1,4	0,0	4,7
Deutschland	30,4	12,9	8,3	11,6	23,7
Finnland	3,8	0,5	0,8	0,0	2,6
Frankreich	57,5	33,2	5,0	56,4	26,0
Griechenland	5,4	2,6	1,1	4,0	0,7
Großbritannien	22,8	14,1	6,4	0,02	15,3
Irland	2,1	0,6	0,6	0,0	5,4
Italien	16,7	8,3	2,3	58,3	11,1
Luxemburg	0,2	0,1	0,02	0,01	0,3
Niederlande	1,3	1,0	7,0	0,0	11,3
Österreich	5,2	1,4	0,8	3,0	3,4
Portugal	1,5	0,5	1,1	9,8	1,7
Schweden	5,7	1,8	1,1	–	3,5
Spanien	18,8	5,2	5,3	36,0	5,7
Insgesamt	182,7	87,2	43,12	179,33	119,0

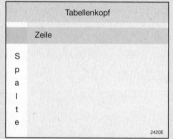

M1: Aufbau einer Tabelle

M2: Tabelle: Landwirtschaftliche Produkte der EU-Länder (1994)

Wenn man vor lauter Bäumen den Wald ...

Eine Tabelle ist eine Zusammenstellung von Zahlen zu einem bestimmten Thema. Die Tabelle in *M2* enthält für die 15 Länder der EU in alphabetischer Reihenfolge die erzeugten Mengen landwirtschaftlicher Produkte. Die Zahlen sind in Millionen Tonnen (Mio. t) angegeben. Die Tabelle enthält so viele Informationen, dass es schwierig ist, den Überblick zu bekommen.

Um zum Beispiel die wichtigsten „Getreideländer" zu ermitteln hilft folgendes Verfahren:

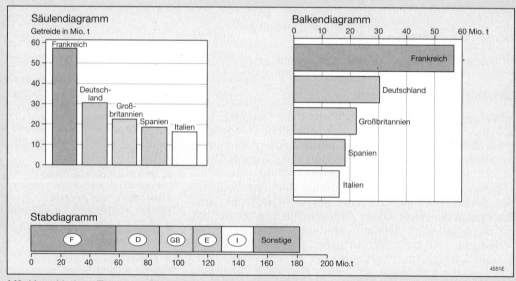

M3: Verschiedene Typen von Diagrammen (Werte nach M2)

1. Gehe die Tabelle in *M2* von oben nach unten durch und schreibe die Länder mit der höchsten Getreideproduktion heraus. Es sind Deutschland, Frankreich, Großbritannien, Italien und Spanien. Zeichne nun ein Säulendiagramm *(M3)*. So kannst du die fünf Länder vergleichen. Die Säulen der Getreideproduktion stehen nebeneinander. Du kannst auch ein Balkendiagramm zeichnen *(M3)*. Es zeigt dir die Getreideproduktion als Balken untereinander.

2. Die beiden Diagramme sagen aber nichts darüber aus, wie viel Getreide insgesamt in der EU erzeugt wurde und wie hoch der Anteil der fünf Länder ist. Diese Informationen zeigt ein Stabdiagramm mit der Gesamtmenge. Die Länge des Stabes entspricht der gesamten Getreideproduktion von 182,7 Mio. t. Du trägst die fünf Länder mit der größten Getreideerzeugung auf dem Stab ab. Die erzeugte Menge der restlichen Länder fasst du unter „Sonstige" zusammen.

3. Um die räumliche Verteilung der Erzeugerländer zu ermitteln hilft eine thematische Karte *(M4)*. Übertrage aus dem Atlas eine EU-Umrisskarte und trage die Säulen der Getreideerzeugung zu jedem Land ein.

1. Zeichne ein Balkendiagramm mit der Überschrift: „Die fünf größten Milcherzeugerländer der EU" *(M2)*.

2. a) Stelle die Kartoffelerzeugung der EU-Länder in einem Balkendiagramm dar *(M2)*.
b) Zeichne eine thematische Karte zur Kartoffelerzeugung in der EU. Wo liegen die Vorteile der Karte?

3. Überprüfe folgende Aussagen:
– Frankreich ist die Weizenkammer Europas.
– Frankreich ist der größte Agrarproduzent der EU.
– Die nördlichen Mitgliedsstaaten der EU spielen in der Landwirtschaft nur eine geringe Rolle.

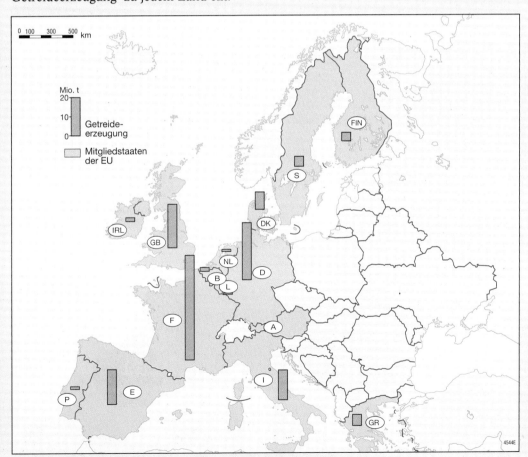

M4: Thematische Karte: Getreideerzeugung der EU

M1: Airbus-Montage in Hamburg: Der erste A 319 für die Swissair bekommt seine Flügel

Arbeitsteilung in Europa

„Beluga" schluckte Airbus-Flügel

Bremen (dpa) - Ein Großraumflugzeug des europäischen Typs Beluga hat erstmals ein Flügelpaar für einen Airbus A 340 von Bremen aus zur Endmontage nach Toulouse (Frankreich) transportiert.

Am Montag wurden zwei Tragflügel aus dem Bremer Werk der Daimler-Benz Aerospace Airbus GmbH in das neue Frachtflugzeug „Beluga" geladen und nach Toulouse geflogen. Die Flügel hatten ein Gewicht von 32 Tonnen. Sie sind für den Airbus A 340 bestimmt, der in Toulouse endmontiert wird. Im Bremer Werk werden monatlich vier Flügelpaare für Airbus-Großraumflugzeuge ausgerüstet.

M2: Die neuen „Beluga"-Riesen-Frachter haben seit Oktober 1996 das Transport-Programm der Airbus-Großbauteile übernommen. Zwei der „weißen Wale" pendeln zwischen den Produktionsstätten in Deutschland, Frankreich, England und Spanien hin und her.
Sie befördern Cockpits, Rumpfhecks, Flügel sowie Seiten- und Höhenleitwerke zu den Airbus-Endmontagezentren in Hamburg und Toulouse.

Der Airbus – Sechs Länder bauen ein Flugzeug

Im Jahr 1993 rollte in Hamburg-Finkenwerder der erste Airbus A 321 an den Start. Er war das Ergebnis der Zusammenarbeit von fünf Ländern der Europäischen Union. Sie planten die Airbus-Flugzeuge gemeinsam und teilten sich die Kosten der Entwicklung. Auch die Produktion ist auf die fünf Länder aufgeteilt. Hamburg und Bremen in Deutschland und Toulouse in Frankreich sind wichtige Produktionsstandorte.

In Hamburg-Finkenwerder stellen mehr als 7 000 Mitarbeiter jeden Monat vierzehn neue Flugzeuge der Airbus-Familie her. Täglich werden etwa 20 000 Einzelteile montiert. Damit der Arbeitsablauf wie ein Uhrwerk klappt, müssen Zulieferfirmen aus ganz Europa reibungslos zusammenarbeiten. Viele Teile kommen per Bahn und Lkw aus Zulieferbetrieben in Deutschland. Mit dem Großraumflugzeug „Beluga" werden große Einzelteile wie Flügel und Leitwerke aus ganz Europa herantransportiert.

In Toulouse werden andere Flugzeuge der Airbus-Familie endmontiert. Mehrmals wöchentlich schweben die großen Frachtmaschinen über der Stadt und bringen fertig montierte Einzelteile aus verschiedenen Werken Europas.

Nur durch die Zusammenarbeit von hoch spezialisierten Industriebetrieben und Forschungsinstituten aus den verschiedenen Ländern konnte das Projekt durchgeführt werden.

1. Der Airbus ist ein Beispiel für die Zusammenarbeit in der EU. Begründe.

2. Nenne Vorteile der europäischen Zusammenarbeit bei der Entwicklung, dem Bau und Verkauf von Flugzeugen der Airbus-Familie.

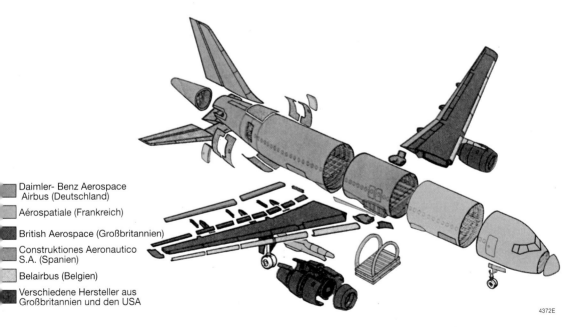

- Daimler- Benz Aerospace Airbus (Deutschland)
- Aérospatiale (Frankreich)
- British Aerospace (Großbritannien)
- Construktiones Aeronautico S.A. (Spanien)
- Belairbus (Belgien)
- Verschiedene Hersteller aus Großbritannien und den USA

4372E

M3: Der Airbus – ein Beispiel für die Zusammenarbeit in Europa

M1: Backwaren aus Europa (Auswahl)

Labels in image: 3 Berliner, 4 Biscotti, 1 Salzburger Nockerln, 2 Braune Kuchen, 5 Hafermakronen, 8 Ingwerkuchen, 7 Madeleines, 9 Zitronenwaffeln, 6 Berner Plätzchen

Banner: Wir Eurobäcker sind für ein vereintes Europa der Leckermäuler

1. Ordne den Backwaren der „Eurobäcker" das jeweilige Herkunftsland zu (Atlas, Karte: Europa – Staaten).

2. „Leckereien aus Europa" – so könntet ihr ein Backprojekt nennen. Besorgt euch dazu Rezepte verschiedener europäischer Backwaren und stellt die Kuchen und Kekse her. Erarbeitet zu den Herkunftsländern Steckbriefe, Bildtafeln usw. Ladet euch Gäste ein (z.B. die Eltern, andere Schülerinnen und Schüler). Informiert sie über euer Projekt und bietet ihnen die selbst gebackenen Leckereien an.

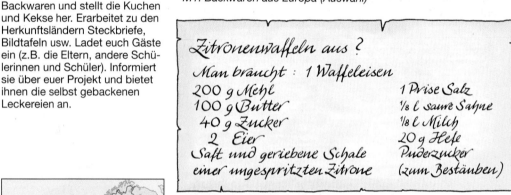

Zitronenwaffeln aus ?

Man braucht : 1 Waffeleisen
200 g Mehl   1 Prise Salz
100 g Butter   ⅛ l saure Sahne
40 g Zucker   ⅛ l Milch
2 Eier   20 g Hefe
Saft und geriebene Schale   Puderzucker
einer ungespritzten Zitrone (zum Bestäuben)

M3: Rezept für Zitronenwaffeln

M2: Staaten, aus denen die Backwaren stammen

Zubereitung:

In die schaumig gerührte Butter mixt man Zucker, Eier, Salz, Zitronensaft und -schale, saure Sahne und Mehl. Dann wird die in lauwarmer Milch aufgelöste Hefe in den Teig eingerührt. Alles gut verquirlen, bis der Teig Blasen wirft. Nun muss man ihn 30 Minuten „gehen" lassen. Portionsweise wird er in einem gefetteten Waffeleisen hellgelb ausgebacken. Zum Schluss werden die Waffeln mit Puderzucker bestäubt.
Guten Appetit!

Landwirtschaft in Europa

Von den beiden Zweigen der Landwirtschaft, dem Ackerbau und der Viehzucht, ist insbesondere der Ackerbau von den natürlichen Voraussetzungen abhängig. Für ihr Wachstum benötigen die Nutzpflanzen (z.B. Getreide, Ölsaaten, Kartoffeln, Zuckerrüben) ausreichend Wärme, Feuchtigkeit und einen nährstoffreichen Boden. Außer im Norden Skandinaviens und in einigen Gebirgsregionen findet man in großen Teilen Europas derartig günstige Bedingungen vor. Die europäischen Länder können sich daher überwiegend selbst mit den benötigten Nahrungsmitteln versorgen. Sonderkulturen wie Zitrusfrüchte und Wein werden vorwiegend in wärmebegünstigten Gebieten angebaut.

Die europäischen Landwirtschaftsbetriebe haben sich in den letzten Jahrzehnten immer stärker spezialisiert, das heißt, dass jeder Betrieb nur ganz bestimmte Produkte herstellt. Auf diese Weise können die teuren Geräte und Maschinen besonders vorteilhaft eingesetzt werden. Infolge der Spezialisierung und der immer besseren technischen Ausstattung kann immer mehr produziert werden. So erklärt sich, dass die Landwirtschaftsbetriebe von verschiedenen Produkten (z.B. Fleisch, Butter, Wein) viel mehr herstellen als die Bevölkerung verbraucht. Es entsteht eine Überproduktion, die teilweise vernichtet werden muss, um nicht die Existenz von Bauernwirtschaften zu gefährden.

Airbus – Sechs Länder bauen ein Flugzeug

In der europäischen Industrie ist eine immer stärkere grenzüberschreitende Zusammenarbeit zwischen einzelnen Ländern bzw. Firmen zu beobachten. Auf diese Weise reagieren europäische Industriebetriebe auf die mächtige Konkurrenz in den USA und in Japan.

Ein Beispiel dafür ist der Bau des Airbusses. Neben Deutschland beteiligen sich Frankreich, Spanien, Belgien und Großbritannien am Airbusprojekt. Die fünf Partner haben sich jeweils auf bestimmte Herstellungs- und Montageschritte spezialisiert. Trotz des großen Transportaufkommens zwischen den Partnerbetrieben arbeitet das „Unternehmen Airbus" sehr kostensparend. Außerdem genügen die in europäischer Partnerschaft gebauten Flugzeuge höchsten Qualitäts- und Sicherheitsansprüchen. Das ist unbedingt notwendig, um sich auf dem Weltmarkt gegen die Boeing-Jets aus den USA durchsetzen zu können.

Europas Wirtschaft wandelt sich

Das Wichtigste kurz gefasst

Grundbegriff

Spezialisierung

Menschen verlassen ihre Heimat

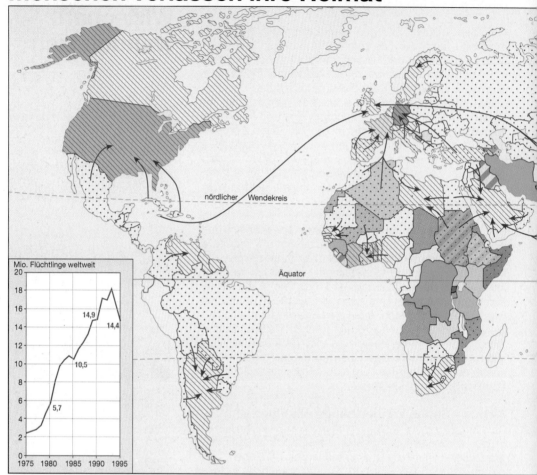

Mio. Flüchtlinge weltweit

14,9

14,4

10,5

5,7

nördlicher Wendekreis

Äquator

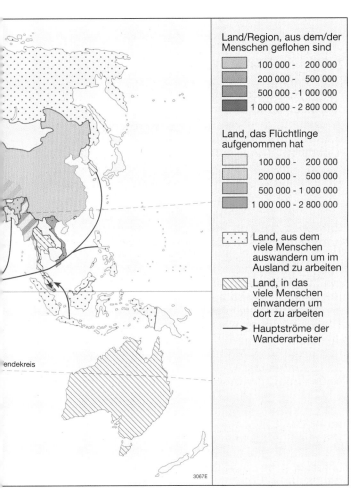

Land/Region, aus dem/der
Menschen geflohen sind

	100 000 - 200 000
	200 000 - 500 000
	500 000 - 1 000 000
	1 000 000 - 2 800 000

Land, das Flüchtlinge
aufgenommen hat

	100 000 - 200 000
	200 000 - 500 000
	500 000 - 1 000 000
	1 000 000 - 2 800 000

Land, aus dem
viele Menschen
auswandern um im
Ausland zu arbeiten

Land, in das
viele Menschen
einwandern um
dort zu arbeiten

→ Hauptströme der
Wanderarbeiter

3067E

109

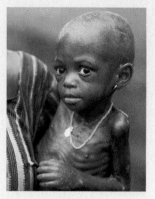

Völkergemeinschaft hilft Somalia

15.8.1992, SOMALIA, OSTAFRIKA

Die Völkergemeinschaft der UNO sendet das erste Flugzeug mit Lebensmitteln nach Somalia. Mehr als 1,5 Millionen Menschen sind vom Hungertod bedroht. Die Menschen befinden sich auf der Flucht vor dem Bürgerkrieg und den Bandenkämpfen in ihrem Land. Hinzu kommt die schwere Dürre im Süden des Landes. Seit drei Jahren ist hier kein Tropfen Regen gefallen. Banditen raubten mehrmals Lebensmittellager und Versorgungsschiffe aus.

Ursachen der Flucht

Hunger und Elend auf dem „schwarzen Kontinent" lassen die Menschen fliehen

Immer wieder sehen wir Bilder von verhungernden Kindern aus Afrika. Millionen von Afrikanern sind dauerhaft unterernährt. 30 Millionen Menschen sind unmittelbar vom Hungertod bedroht. Das hat verschiedene Ursachen:
• Die Bevölkerung wächst rasch. Immer mehr Afrikaner müssen ernährt werden. Nutzbares Land steht aber nicht in ausreichendem Maß zur Verfügung.
• Es kommt immer wieder zu lange andauernden Dürren. Die Nahrung der Ackerbauern und Viehzüchter reicht nicht um die Familien und die Tiere zu ernähren.
• Bürgerkriege und Stammeskämpfe vernichten die Felder und Weideflächen.

Rund 30 Millionen Afrikaner sind daher auf der Flucht oder leben elend und verarmt in **Flüchtlingslagern**. So flüchteten zum Beispiel während des Bürgerkriegs in Ruanda 1994/95 mehr als zwei Millionen Menschen aus dem Land, mehr als eine Million wurde innerhalb des Landes vertrieben.

1. a) Suche das Land Somalia im Atlas und beschreibe seine Lage in Afrika mithilfe der Himmelsrichtungen.
b) Wie heißen die Nachbarstaaten?

2. Wodurch wird die Versorgung der hungernden Bevölkerung in Somalia erschwert?

3. Bestimme nach *M1* je fünf afrikanische Länder, die von Dürren oder bewaffneten Auseinandersetzungen betroffen sind oder waren *(Atlas)*.

4. Nenne zwei Ursachen für das Elend und den Hunger in vielen Ländern Afrikas.

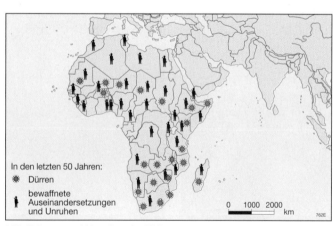

In den letzten 50 Jahren:
✳ Dürren
👤 bewaffnete Auseinandersetzungen und Unruhen

0   1000   2000 km

M1: Dürren und Unruhen in Afrika

M2: Sarajewo im Bürgerkrieg

M3: Lage von Bosnien-Herze-gowina

Menschen werden aus ihrer Heimat vertrieben

1992/93. Das ehemalige Land Jugoslawien ist zerfallen. Neue Staaten sind entstanden. Nach den Ländern Slowenien, Makedonien und Kroatien erkennen die Länder Europas auch das Land Bosnien-Herzegowina als neuen und unabhängigen Staat an.

Danach beginnt jedoch ein erbitterter, grausamer Bürgerkrieg. Die Volksgruppen der Serben, Kroaten und Bosnier kämpfen um die Macht und um Gebiete. Unschuldige, unbeteiligte Menschen in den Städten und Dörfern werden Opfer grausamer Überfälle und Angriffe. Die Gruppe der Serben will vor allem die Volksgruppe der Bosnier aus dem Land vertreiben und die Macht für sich gewinnen.

Bis Juni 1992 starben im Jugoslawienkrieg mehr als 40 000 Menschen, Hunderttausende finden Zuflucht in anderen Ländern Europas.

i Volksgruppen und Glaubensgemeinden

Die Einwohner von Bosnien-Herzegowina gehören verschiedenen Volksgruppen an. Die Serben und die Kroaten sind Christen unterschiedlicher Glaubensrichtung. Die meisten Einwohner sind jedoch Muslime. Ihre Religion ist der **Islam**. Ein Staat, in dem verschiedene Volksgruppen und Religionsgemeinschaften zusammenleben, bezeichnet man als Vielvölkerstaat.

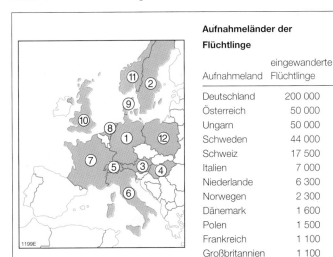

Aufnahmeländer der Flüchtlinge	
Aufnahmeland	eingewanderte Flüchtlinge
Deutschland	200 000
Österreich	50 000
Ungarn	50 000
Schweden	44 000
Schweiz	17 500
Italien	7 000
Niederlande	6 300
Norwegen	2 300
Dänemark	1 600
Polen	1 500
Frankreich	1 100
Großbritannien	1 100

M4: Flüchtlinge aus dem Jugoslawienkrieg: Wo leben sie?

5. a) Berechne die Gesamtzahl der Flüchtlinge, die in anderen Ländern Europas aufgenommen wurden (M4).
b) Vergleiche diese Zahl mit der Einwohnerzahl von Kiel (Lexikon).

6. Erstelle eine Liste der in M4 gekennzeichneten Aufnahmeländer und schreibe zu jedem Land die Zahl der aufgenommenen Flüchtlinge.
Beispiel: ① ... land: ... Flüchtlinge.

111

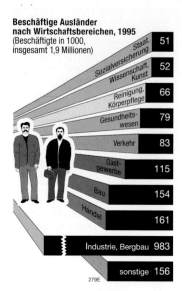

Beschäftige Ausländer nach Wirtschaftsbereichen, 1995
(Beschäftigte in 1000, insgesamt 1,9 Millionen)

Staat, Sozialversicherung	51
Wissenschaft, Kunst	52
Reinigung, Körperpflege	66
Gesundheitswesen	79
Verkehr	83
Gastgewerbe	115
Bau	154
Handel	161
Industrie, Bergbau	983
sonstige	156

279E

M1: Kollege Ausländer

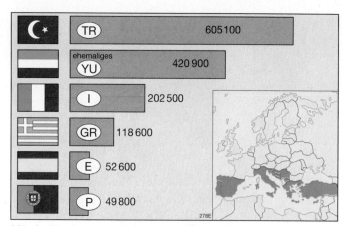

TR	605100
ehemaliges YU	420900
I	202500
GR	118600
E	52600
P	49800

278E

M2: Ausländische Arbeitnehmer in Deutschland

Arbeitsplatz Bundesrepublik Deutschland

Nach dem Zweiten Weltkrieg begann der Wiederaufbau in Deutschland. Viele Industriebetriebe wurden neu gegründet oder vergrößert. Es fehlten überall Arbeitskräfte. Deshalb wurden mit Beginn der sechziger Jahre aus den europäischen Mittelmeerländern und der Türkei Arbeitnehmer angeworben. Die meisten Ausländerinnen und Ausländer leben in den Städten der Verdichtungsräume, wo der Bedarf an Arbeitskräften am größten ist.

Köln und Rüsselsheim sind zwei der Städte, in denen der Ausländeranteil sehr hoch ist. Hier gibt es große Automobilwerke mit einem hohen Bedarf an Arbeitskräften.

Heute leben viele ausländische Familien schon mehr als zehn Jahre in Deutschland. Die Kinder sind hier geboren. Sie sprechen meist die Sprache ihrer Eltern und Deutsch. Ausländische und deutsche Kinder lernen und spielen gemeinsam, Jugendliche gehen zusammen aus. Damit die ausländischen Schülerinnen und Schüler ihre Kenntnisse in ihrer Muttersprache erhalten und erweitern, können sie am muttersprachlichen Unterricht teilnehmen.

1. Nenne Gründe, warum die Bundesrepublik Deutschland ausländische Arbeitnehmer angeworben hat.

2. In welchen Bereichen der Wirtschaft arbeiten die Ausländer in Deutschland?

3. a) Ausländische Jugendliche spielen in deutschen und eigenen Vereinen Fußball. Einige Vereine zeigen durch ihren Vereinsnamen, dass hier ausländische Jugendliche der gleichen Nationalität spielen. Nenne Beispiele aus der Fußballtabelle *(M3)*.
b) Ordne Vereinsnamen einzelnen Herkunftsländern zu.
c) Diskutiere Vor- und Nachteile von Vereinen, in denen Jugendliche nur einer Nationalität Sport treiben.

4. Erkläre die Karikatur *(M5)*.

5. Welche Auswirkungen hätte es, wenn ausländische Mitbürgerinnen und Mitbürger nicht mehr hier wären *(M6)*?

Die Tabelle der Kreisliga B Frankfurt/Main			
	Punkte		Punkte
1. Blau-Gelb	25: 5	11. Achilleas	14:14
2. Jeta e Re	21: 9	12. Española	14:16
3. Bockenheim	20: 8	13. Sportfreunde Süd	13:17
4. Çorum Spor	20: 8	14. Birlikspor	12:16
5. Peña Gallega	20:10	15. Italia Fechenheim	12:18
6. SV Iran	19: 9	16. Özgür Spor	10:18
7. Foggia	19:11	17. Gutleut	8:24
8. Fortuna	17:13	18. Bügel	8:24
9. Kültürspor	16:14	19. Dahlak	8:24
10. Eritrea	15:15	20. Azzurri	5:23

M3: Fußballtabelle

Von je 100 Mitbürgerinnen und Mitbürgern aus den folgenden
Ländern sind mehr als zehn Jahre in Deutschland:

Türkei	68 Menschen
Jugoslawien	76 Menschen
Griechenland	72 Menschen
Spanien	87 Menschen
Portugal	77 Menschen
Italien	72 Menschen

M4: Ausländer in Deutschland nach Aufenthaltsdauer

*M7: Die Sorgen der Ausländer:
Reihenfolge der größten Sorgen,
nach denen Ausländer befragt
wurden*

M5: Die zweite Generation

Zurück in die Heimat

Alle ausländischen Arbeitnehmer haben Deutschland verlassen

Seit null Uhr gibt es keine Ausländer mehr in Deutschland. Erleichterung ringsum: Wir brauchen keine türkischen Lehrer mehr, keine Dolmetscher in der Stadtverwaltung.

In Deutschland werden schlagartig 1,9 Millionen Arbeitsstellen frei.

• Erste Alarmmeldungen gibt es schon am Vormittag: Die Müllabfuhr hat den Bürgern einstweilen eine Abfuhr erteilt. Mit der Hälfte der Belegschaft ist sie nahezu gelähmt.

• In vielen Hotels müssen die Gäste ihre Betten selber machen.

• Die Zeitungszustellung stockt.

• Leider steht nun auch die Pizzeria an der Ecke leer.

• Bei der Bahn verkehren keine Fernzüge mehr. Zwar konnte die Bahn fürs erste durch eine Urlaubssperre für alle Mitarbeiterinnen und Mitarbeiter die fehlenden ausländischen Eisenbahner ersetzen, aber das genügt gerade um den Nahverkehr aufrecht zu erhalten.

• Viele Baustellen veröden. Ganze Kolonnen sind ausgefallen. Der Polier sucht nach Ersatz und findet ihn nicht, weil die Facharbeiter nicht als „Zuträger" arbeiten wollen.

• Sprunghaft schnellen auch die Löhne für Reinigungspersonal empor. Die Deutschen müssen wieder selber putzen und spülen.

• In den Stahlwerken liegen die Hochöfen still, bei den Ford-Werken ist ein Viertel der Arbeitsplätze leer geblieben.

• Die Fließbänder sind nicht mehr besetzt. In Wolfsburg (drei Viertel der Ausländer waren Italiener) stauen sich die Halbfertigprodukte von Golf und Passat.

• In den deutschen Werften fehlen Schweißer und Monteure, Hilfsarbeiter und Angelernte.

• In Deutschland fehlt jeder zwölfte Einwohner.

• Die Bundesbürger können sich nicht mehr aussuchen, welche Arbeiten sie selbst machen wollen, und welche sie lieber Ausländern überlassen.

M6: Nach PZ, Extra 1, Bonn: was wäre wenn …?

Miteinander leben – miteinander arbeiten

M1: Aylin

Aylin erzählt

„Als ich sechs Monate alt war, sind meine Eltern mit mir nach Ankara gezogen. In der Provinz Çorum, wo ich geboren bin, konnte Vater keine Arbeit finden. Viele unserer Verwandten und auch andere haben deshalb Çorum verlassen. Drei Jahre lebten wir in Ankara. Dann sind Vater und Mutter nach Deutschland gegangen. Mein Bruder Ferhat und ich kamen zu meinem Onkel nach Istanbul. Obwohl alle sehr lieb zu mir waren, waren wir oft sehr traurig. Fünf Jahre lebten wir bei meinem Onkel. Eines Tages holten mich meine Eltern nach Deutschland. Damals war ich neun Jahre alt. Endlich lebte ich wieder mit meinen Eltern zusammen. Ich war glücklich.

In den nächsten Tagen durfte ich auf der Straße spielen. Da sah ich auch deutsche Kinder, die ganz anders angezogen waren als die in der Türkei. Die Mädchen trugen kurze Röcke oder Hosen und keine Kopftücher. Ich konnte kein Wort verstehen und kannte ihre Spiele nicht.

In der Schule kam ich zuerst in eine Vorbereitungsklasse mit anderen türkischen Kindern, die auch noch kein Deutsch konnten. Meine Eltern sprachen mit mir zu Hause türkisch, weil ich die Sprache nicht verlernen sollte. In einigen Jahren wollen sie nämlich wieder in die Türkei zurückkehren. Nach einem Jahr kam ich in eine deutsche Klasse, ins 3. Schuljahr. Nachmittags hatten wir zwei Stunden zusätzlichen Deutschunterricht. Jetzt bin ich in der 5. Klasse und kann schon ganz gut Deutsch. Ich habe viele türkische Freundinnen und auch eine deutsche Freundin. Sie kam zu meinem Geburtstag. Ich glaube, sie war zum ersten Mal in einer türkischen Familie. Zuerst hatte ich Angst, es könnte ihr bei uns nicht gefallen, aber es war sehr

M2: Aylin in der Schule

lustig und wir haben viel gelacht. Sie fand es auch interessant, von unseren Spezialitäten zu essen und mit uns türkische Spiele zu spielen.

Da ich die Älteste bin, helfe ich sehr viel im Haushalt. Früher habe ich vor der Schule meinen Bruder in den Kindergarten gebracht. Meine Mutter muss schon um 7 Uhr zur Arbeit ins Krankenhaus. Sie hilft dort in der Küche. Abends kommt sie gegen 17 Uhr müde nach Hause. Dann kocht sie das Essen für den nächsten Tag. Mittags wärme ich das Essen für meinen Bruder und mich auf, räume auf und gehe einkaufen. Am liebsten kaufe ich bei ‚Balkan' oder ‚Türkmen' ein. Dort treffe ich viele, die ich kenne. Wir unterhalten uns. So erfahre ich, ob jemand krank ist oder heiratet.

Mein Vater arbeitet in einer großen Fabrik, er hat Schichtdienst. Wenn er Nachtschicht hat, schläft er am Tag. Dann sind wir ganz leise. Ich sehe ihn nur wenig. Er will, dass wir gut in der Schule sind, damit wir einmal einen guten Beruf erlernen können. Freitags und samstags gehe ich in die **Moschee**. Wir Kinder sind in einem Raum zusammen, uns wird dann aus dem Koran vorgelesen. Manches müssen wir auswendig lernen. Dort müssen wir Mädchen Kopftücher tragen. Meine Eltern zwingen mich nicht das Kopftuch auf der Straße zu tragen. Aber manche meiner Freundinnen müssen es.

Unsere Familie wird oft von Verwandten, die auch in Deutschland leben, eingeladen. Wir feiern viele Feste, essen zusammen, reden, spielen und tanzen.

Manchmal liege ich abends in meinem Bett und kann nicht einschlafen. Ich weiß nicht, was einmal werden wird. Meine Eltern wollen in einigen Jahren in die Türkei zurück.

M3: Türkisches Geschäft

1. Beschreibe Aylins Tagesablauf.

2. Welche Probleme wird Aylin haben, wenn ihre Eltern in die Türkei zurückkehren?

3. „Ich weiß nicht, wo ich hingehöre" – kannst du Aylin verstehen? Was meint sie damit genau?

4. Regt für das nächste Schulfest an, dass Stände mit ausländischen und deutschen Spezialitäten aufgebaut werden.

5. Stellt fest, wie viele ausländische Schülerinnen und Schüler es an eurer Schule gibt. Fragt nach, aus welchen Staaten sie kommen und informiert euch über diese Länder *(Lexikon, Atlas)*. Schreibt dazu einen Bericht.

Aller guten Dinge sind drei

• Integration heißt, jemanden annehmen, so wie er ist, und aufnehmen – in der Schule, am Arbeitsplatz, in der Freizeit. Integration bedeutet für Ausländer bei uns auch Anpassung: Erlernen der deutschen Sprache, Erfüllung der beruflichen Anforderungen und der Schulpflicht, Einhaltung von Hausordnungen in Wohnblöcken, allgemeines Verhalten im Sinne der Gesetze und vieles mehr.

• Integration heißt auch gleichberechtigtes Nebeneinander, kulturelle Eigenständigkeit in der Religionsausübung, in der familiären Erziehung, in den Ess- und Lebensgewohnheiten, in der Pflege der Muttersprache usw. Das erfordert von beiden Seiten Verständnis und Entgegenkommen.

• Integration heißt für Deutsche und Ausländer auch, offen und lernbereit zu sein, sich nicht zu verschließen, die Begegnung suchen, bereit zu sein, von anderen zu lernen.

(nach: Auslandskurier 5/1970)

M1:

Ein Blick in die Heimat der Ausländer

Der Schulsaal der Klasse 6a des Wilhelm-Busch-Gymnasiums ist nicht wieder zu erkennen. Nina, Susanne und Yamin haben die Flügel der Wandtafel vorgeklappt und dazwischen einen Kiosk mit ausländischen Zeitungen, Zeitschriften und Büchern eingerichtet. Ein paar Schritte weiter beraten Nesrin, Lisa und Miguel „Kunden" in ihrem spanischen Reisebüro. Plakate mit sehr schönen Landschaftsaufnahmen aus Andalusien, den Pyrenäen und Galicien hängen am Fenster und Prospekte liegen aus. Klarissa, Nicole, Thomas und Ilias verkaufen in der Cafeteria türkischen Mokka, Sesamkringel und Pizza …

Die Schüler der 6a haben die Eltern zu einem Aktionsabend eingeladen. Er ist der Abschluss eines Projektes, an dem sie eine Woche lang gearbeitet haben. Das Thema „Ein Blick in die Heimat der Ausländer" haben sie sich selbst ausgesucht. Sie haben Arbeitsgruppen gebildet, die sich unter anderem mit folgenden Fragen beschäftigten. Was lesen die Ausländer, die bei uns in Deuschland wohnen? Welche Speisen und Getränke werden in ausländischen Restaurants angeboten? Welche Herkunftsländer der Ausländer sind beliebte Urlaubsländer?

„Damit wollen wir zeigen, wie es in der Heimat der Ausländer aussieht und wie sie bei uns in Deutschland leben", sagt Lehrer Gundelach bei der Begrüßung zum Aktionsabend. „Wenn wir unsere ausländischen Mitbürgerinnen und Mitbürger besser verstehen, fällt es uns leichter, sie zu integrieren."

Vorspeisen:	Pasta fatta in casa Hausgemachte Nudeln
	Imam bayildi – „Der Vorbeter fiel in Ohnmacht" Gefüllte Auberginen, überbacken
	Borschtsch Kohlsuppe mit Rindfleisch
Hauptgerichte:	Čevapčiči Hackfleischröllchen vom Holzkohlengrill
	Paella Reispfanne mit Gemüse, Fleisch und Meeresfrüchten
	Moussake Gemüseauflauf mit Hackfleisch
	Frutti di mare alla napolitana Meeresfrüchte nach Neapolitaner Art
	Hünkar beğendi – „Der Sultan war entzückt" Lammragout mit Auberginenpüree
Nachspeisen:	Zabaione Weinschaumcreme, kalt oder heiß
	Higos al horno Gebackene Feigen
	Gelato di Roma Vanilleeis mit roter und grüner Soße

M2: Speisekarte – international

Ursachen für Wanderungsbewegungen

Täglich verlassen in allen Teilen der Welt Menschen ihr vertrautes Zuhause, wandern aus den Dörfern in die Städte, überschreiten Länder- und sogar Kontinentsgrenzen. Für die Wanderung von Menschen kann es sehr unterschiedliche Gründe geben. Arbeitsplatzwechsel und familiäre Gründe spielen beispielsweise in den Industrieländern eine wichtige Rolle. In anderen Teilen der Welt sind es Hunger, Not und Krieg, die die Menschen zu Flucht und Wanderschaft veranlassen.

Hunger und Elend auf dem „schwarzen Kontinent"

Aufgrund einer schnell wachsenden Bevölkerung und unzureichender Möglichkeiten diese Menschen zu ernähren, brechen in Afrika immer wieder Hungersnöte aus. Um dem Hungertod zu entgehen schließen sich die Menschen Flüchtlingstrecks an. Hilfsorganisationen errichten Lager, in denen die Flüchtlinge mit dem Nötigsten versorgt werden.

Menschen werden aus der Heimat vertrieben

Ein jahrelanger Bürgerkrieg in Bosnien-Herzegowina führte zur Zerstörung der Lebensgrundlagen von hunderttausenden Menschen. Wegen ihrer Volks- und Religionszugehörigkeit wurden viele Menschen gezielt aus ihren Städten und Dörfern vertrieben. Sie fanden in anderen Ländern eine vorübergehende Zuflucht.

Arbeitsplatz Bundesrepublik Deutschland

In den sechziger Jahren entstanden in Deutschland viele neue Industriebetriebe. Die Zahl der freien Arbeitsplätze wuchs ständig. Deshalb startete die Bundesregierung ein Programm, mit dem Arbeitskräfte aus anderen Teilen Europas angeworben wurden. Millionen ausländischer Mitbürger sorgten dann für ein Wirtschaftswachstum, mit dem Deutschland zu einer der führenden Wirtschaftsnationen der Erde aufstieg.

Aylin erzählt

Kinder aus anderen Teilen der Welt, die mit ihren Eltern nach Deutschland kommen, müssen sich zunächst an die für sie fremde Sprache und Kultur gewöhnen. Für sie wurden spezielle Vorbereitungsklassen eingerichtet. Dennoch haben sie mit dem Alltag in Deutschland viele Probleme und brauchen die Unterstützung ihrer deutschen Mitschüler.

Menschen verlassen ihre Heimat

Das Wichtigste kurz gefasst

Grundbegriffe

Flüchtlingslager
Islam
Moschee

Minilexikon
Erklärung wichtiger Begriffe

Aktivraum (Seite 61)
Teilraum eines Landes, der einen sehr hohen Anteil an der wirtschaftlichen Gesamtleistung besitzt. Hier gibt es viele Industrie- und Dienstleistungsbetriebe. Der Wohlstand der Bevölkerung eines Aktivraumes ist im Durchschnitt höher als der eines → Passivraumes.

Dauerfrostboden
(Seite 20)
ganzjährig bis in große Tiefen gefrorener Boden, der in den Sommermonaten oberflächlich auftaut.

Erdachse (Seite 18)
gedachte Verbindungslinie zwischen Nord- und Süpol.

Europäische Union (EU)
(Seite 6)
Zusammenschluss von europäischen Staaten mit dem Ziel der wirtschaftlichen und politischen Vereinigung.

Flüchtlingslager
(Seite 110)
Sammelplätze, auf denen Menschen, die ihre Heimat aufgrund von Krieg, politischer Verfolgung, Armut, Hunger oder Umweltschäden verlassen haben, von Hilfsorganisationen betreut werden.

Getto (Seite 94)
Unter einem Getto versteht man ein Stadtviertel, in dem freiwillig oder erzwungen Angehörige einer bestimmten Bevölkerungsgruppe wohnen.

gemäßigte Zone
(gemäßigtes Klima)
(Seite 16 ff.)
Klimazone, die sich über den größten Teil Europas ausdehnt. Sie wird in das → Landklima, das → Übergangsklima und das → Seeklima unterteilt.

Golfstrom
(Seite 58, 68)
Der Golfstrom ist eine warme Meeresströmung. Er kommt aus dem Golf von Mexiko, durchzieht den Atlantik in nordöstlicher Richtung und trifft auf die Küsten in West- und Nordeuropa. Hier sorgt er vor allem im Winter für milde Temperaturen. Er gilt als die „Warmwasserheizung" Europas.

Highlands (Seite 69)
Als Highlands werden die Hochländer in Großbritannien bezeichnet. Sie liegen über 200 m ü. NN hoch. Die Landschaft ist hügelig. Die Highlands sind gekennzeichnet durch Moore, Heide- und Graslandschaften. Schafhaltung spielt eine wichtige Rolle.

Islam (Seite 111)
Weltreligion; vorherrschend im Nahen Osten, in Nordafrika sowie in Teilen Süd-, Südost- und Zentralasien verbreitetet. Der Islam ist eine Religion, die nur einen Gott (Allah) anerkennt. Verkündet wurde der Islam im 7. Jh. n.Chr. von Muhammad (Mohammed), der als Prophet Allahs gilt. Die Gläubigen bezeichnen sich als Muslime und besitzen mit dem Koran eine heilige Schrift, die das Wort Allahs verkündet. Jeder Muslim ist angehalten, möglichst viel von ihm auswendig zu lernen und zu verinnerlichen. Der Koran ist in arabischer Sprache bzw. Schrift verfasst, die mit dem Islam eine weite Verbreitung fanden.

Klima (Seite 15)
Das Klima eines Ortes ergibt sich aus den langjährigen Durchschnittswerten des → Wetters. Viele Gebiete der Erde haben ähnliche Durchschnittswerte und daher ähnliche Klimate.

Klimazone (Seite 16)
Als Klimazonen werden großräumige Gebiete zusammengefasst, in denen die wesentlichen Züge des Klimas gleichwertig sind. Sie erstrecken sich in Gürteln um die Erde und sind im Wesentlichen durch den unterschiedlichen Einfallswinkel der Sonnenstrahlen bedingt. Die Klimazonen heißen kalte Zone (Polarzone, Subpolarzone), gemäßigte Zone, warme Zone (Subtropen, Tropen).

Kolonialreich (Seite 54)
Besonders im 18./19. Jh. eroberten europäische Staaten Gebiete auf allen Kontinenten und zwangen den dort lebenden Menschen ihre Herrschaft auf. Die zwangsbeherrschten Gebiete bezeichnet man als Kolonien. Die Kolonien eines Landes bildeten dessen Kolonialreich.

Landklima (Seite 16)
→ Klima im Inneren der Kontinente (daher auch Kontinentalklima genannt), das durch warme Sommer und kalte Winter gekennzeichnet ist. Gegensatz: → Seeklima.

Lowlands (Seite 69)
Als Lowlands werden die Gebiete in Großbritannien bezeichnet, die unter 200 m ü. NN liegen. Die Gebiete im Westen erhalten besonders viel Niederschläge. Sie dienen vor allem der Viehzucht und Milchwirtschaft. Die Gebiete im Osten erhalten weniger Niederschläge. Hier wird vor allem Ackerbau betrieben.

Massentourismus
(Seite 28)
Massentourismus ist eine Form des Fremdenverkehrs, an der eine große Zahl von Menschen teilnimmt. Urlaubsziele sind z.B. die stark besuchten Badeorte am Mittelmeer. Der Begriff wird häufig abschätzig im Sinne einer

Kritik an den Auswüchsen des Tourismus gebraucht.

Meteorologe (Seite 15)
Wissenschaftler, der mit der Beobachtung, Auswertung und Voraussage des → Wetters befasst ist.

Mezzogiorno (Seite 82)
südlicher, wirtschaftlich schwach entwickelter Landesteil in Italien.

Mitternachtssonne
(Seite 20)
Sonnenstand um 24 Uhr während des → Polartages.

Moschee (Seite 115)
islamisches Gotteshaus, in dem sich die Muslime (= Anhänger der Religion Islam) zum Gebet versammeln. Zumeist besteht eine Moschee aus einem kuppelförmigem Bau und einem oder mehreren spitzen Türmen, den Minaretten.

Nationalsozialisten (Seite 94)
Unter Nationalsozialisten (kurz: Nazis) versteht man die Mitglieder und Anhänger der Nationalsozialistischen Deutschen Arbeiterpartei (NSDAP). Diese Partei bestand zwischen 1920 und 1945. Ihre Führer tragen die maßgebliche Verantwortung für den Zweiten Weltkrieg und insbesondere für die Ermordung von 6 Millionen Juden.

Pass (Seite 40)
der niedrigste Punkt in einem Gebirgskamm und deshalb bevorzugter Übergang von einem Tal in ein anderes.

Passivraum (Seite 61)
Teilraum eines Staates, dessen Anteil an der wirtschaftlichen Gesamtleistung immer mehr zurückgeht. Verglichen mit → Aktivräumen haben die Passivräume viele Nachteile, z.B. eine ungünstige Lage und/oder eine schlechtere naturräumliche Ausstattung. Bei Passivräumen handelt es sich häufig um Landwirtschaftsgebiete.

Polarnacht
(Seite 20)
Die Zeit, in der die Sonne jenseits des Polarkreises länger als 24 Stunden nicht am Horizont erscheint. An den Polen dauert die Polarnacht sechs Monate.

Polartag
(Seite 20)
Die Zeit, in der die Sonne jenseits des Polarkreises Tag und Nacht scheint. An den Polen dauert der Polartag sechs Monate.

Produktivität (Seite 82)
Ausdruck für das Verhältnis von produzierter Menge (z.B. Anzahl der hergestellten Autos) und dafür aufgewendeter Arbeitskraft bzw. Zeit (Anzahl der Arbeitsstunden). Die Produktivität steigt, wenn bei gleichem Einsatz von Arbeit oder Kapital das Produktionsergebnis verbessert wird.

Raffinerie (Seite 73)
Betrieb zur Verarbeitung von zähflüssigen Stoffen (z.B. Erdöl).

Schwerindustrie (Seite 70)
Betriebe der Eisen- und Stahlindustrie sowie des Eisenerz- und Steinkohlenbergbaus fasst man mit der Bezeichnung Schwerindustrie zusammen. In Großbritannien ist die Schwerindustrie neben der Textil-industrie eine der Grundlagen der Industrialisierung im 19. Jahrhundert. Zentrum der Schwerindustrie ist das „black country" am Südrand der Pennines.

Seeklima (Seiten 16, 68)
Auch maritimes → Klima genannt. Es wird durch die Nähe der Ozeane bestimmt, mit kühlen Sommern und milden Wintern; ganzjährig feucht. Gegensatz: → Landklima.

Spezialisierung (Seite 100)
Spezialisierung heißt, sich auf die Herstellung bzw. auf den Anbau eines oder weniger ausgewählter Produkte zu konzentrieren. Ziel der Spezialisierung ist es, die Vorzüge eines Stand-

orts intensiv zu nutzen, um kostengünstig Produkte von hoher Qualität zu erzeugen.

Strukturwandel (Seite 73)
Die Industrie eines Landes durchläuft einen Strukturwandel, wenn einzelne, bisher wichtige Industrien (z.B. Textilindustrie, Montanindustrie) an Bedeutung verlieren und gleichzeitig andere oder neue Wirtschaftszweige (z.B. Dienstleistungen) an Bedeutung gewinnen.

Technologiepark (Seite 60)
mit viel Grün durchsetzte Industriegebiete, in denen sich Hightech-Betriebe ansiedeln. Diese nutzen die Nähe zu Universitäten und anderen wissenschaftlichen Forschungseinrichtungen, indem sie deren Ergebnisse in gebrauchsfertige Produkte umwandeln.

Textilindustrie (Seite 70)
verarbeitet in unterschiedlichen Betrieben Faserstoffe, wie z.B. Wolle, Baumwolle, Seide und Chemiefasern zu Stoffen und anderen Geweben.

Tundra (Seite 20)
Baumlose Landschaft der Polarregion mit spärlichem Pflanzenwuchs (vor allem Moose, Flechten und Zwergsträucher) sowie → Dauerfrostboden. Die Zeit, in der Pflanzen wachsen können, ist kürzer als drei Monate, und die mittlere Temperatur des wärmsten Monats liegt unter 10 °C.

Übergangsklima
(Seite 16)
Bezeichnung für das Klima Mitteleuropas. Von West nach Ost nimmt der Einfluss des Atlantischen Ozeans auf Temperaturen und Niederschläge ab. Der Übergang zum → Landklima vollzieht sich ganz allmählich.

Umland (Seite 56)
Das Umland ist das Gebiet um eine Stadt. Von hier aus fahren viele Menschen jeden Morgen in die Stadt um zu arbeiten, einzukaufen oder zur Schule zu

gehen. Man spricht daher auch vom Einzugsgebiet einer Stadt. Je größer eine Stadt ist, umso größer ist auch das Umland.

Vegetationszeit (Seite 22)
Die Zeitdauer im Verlauf eines Jahres, in der es so warm ist, dass Pflanzen wachsen können. Neben zu geringen Temperaturen kann auch Trockenheit die Vegetationszeit eingrenzen.

Wasserstraße(Seite 43)
Flüsse und Kanäle, die von Schiffen befahren werden, bezeichnet man als Wasserstraßen.

Weltstadt (Seite 54)
meist Millionenstadt mit internationaler Bedeutung in der Wirtschaft, der Kultur und oft auch in der Politik.

Wendekreis (Seite 19)
Die beiden Wendekreise der Erde befinden sich auf 23,3° nördlicher und südlicher Breite. Hier steht die Sonne einmal im Jahr im Zenit, bevor sie scheinbar „wendet", um sich wieder dem Äquator zu nähern.

Wetter (Seite 14)
nennt man das Zusammenwirken von Temperatur, Luftdruck, Niederschlag, Wind und Bewölkung zu einem bestimmten Zeitpunkt. → Meteorologen beobachten und messen das Wetter in Wetterstationen. Im Unterschied zum → Klima kann sich das Wetter täglich ändern.

Wirtschaftswachstum (Seite 91)
Zunahme der wirtschaftlichen Leistung, die in einem gesam-

ten Land erbracht wird. Ein steigender Wert der wirtschaftlichen Gesamtleistung (= positives Wirtschaftswachstum) ist eine wichtige Voraussetzung für das Erreichen eines höheren Lebensstandards.

Zenit (Seite 19)
Der senkrecht über einem Punkt auf der Erde gelegene höchste Punkt des Himmelgewölbes.

Zukunftstechnologie (Seite 73)
neu entwickelte Verfahren, die für die zukünftige wirtschaftliche Entwicklung von Bedeutung sind.

Zweigbetrieb (Seite 91)
selbstständig wirtschaftende Firma, die zusammen mit anderen Betrieben zu einem größeren Unternehmen gehört.